CIP-Einheitsaufnahme der Deutschen Bibliothek

Anita & Wolfgang Gramer
Wandern mit nix –
7 strip-trips durch Andalusien
mYm-Verlag Berlin 2006
ISBN 3-937502-06-8

Alle Rechte, auch die des auszugsweisen Abdrucks
oder der Reproduktion einer Abbildung, sind vorbehalten.
Das Werk einschließlich aller seiner Teile ist urheberrechtlich geschützt.
Jede Verwertung ohne Zustimmung des Verlages ist unzulässig. Dies gilt
insbesondere für Vervielfältigungen, Übersetzungen, Mikroverfilmungen
und die Einspeicherung und Verarbeitung in elektronischen Systemen.

Copyright mYm-Verlag Berlin 2006
www.nacktiv.de

Druck und Bindung Finidr, s.r.o.
Umschlaggestaltung und Layout Harry Krause Berlin

Anita
&
Wolfgang Gramer

Wandern mit Nix –

7 strip-trips durch Andalusien

edition integral nacktiv®
Band 2

mit 155 Abbildungen

Inhalt

10	1. Nacktiv – Vom Frei-Denken zum Frei-Handeln
20	2. Nacktiv als Kulturexperiment Alte Wurzeln – Neue Triebe
24	3. Nacktiv in Spanien Barcelona • Zaragozza • Andalusien
32	4. Nacktiv in Andalusien Menschen • Land • Sonne
36	5. Nacktiv in Andalusiens Bergen Altes Haus wird wieder neu
66	6. Nacktiv an Andalusiens Küsten Der Parque Natural de Cabo de Gata
150	7. Mach mit, zeig Mensch Kontakte
152	Anhang: Tipps Reisen & Schlafen

Die Touren:

78	1. Vom Playa de Agua Amarga zur Cala de Enmedio
86	2. Vom Playa de Agua Amarga zur Cala del Plomo
90	3. Von der Cala del Plomo zur Cala San Pedro
102	4. Vom Playa Las Negras zur Cala San Pedro
118	5. Vom Playa Las Negras zum Playazo de Rodalquilar
126	6. Vom Castillo des San Felipe zur Cala Higuera
136	7. Vom Playa El Monsul zum Playa de los Genoveses

Wat, mit jar nix tut ihr wandern? Janz nackich? In Spanien? Upps! Habt ihr ne Meise? Also, Leute, wandern tu ick ja ooch schon mal. Un an der Costa Brava sind wa ooch schon rumjelatscht, un im Grunewald, am Sonntag, so mit meiner Süßn. Da ham wa aba imma wat an.

Un ihr macht det so janz ohne allet? Aba da hat doch irjendsoein Schlauberjer de Hose erfunden, und verboten is et ooch - und dafür jibts doch so Vereine, die mit dem FKK, so mitm Zaun rum, da darf man! Und na ja, und überhaupt, Leute, ick bin doch nich bekloppt, da nackich rumrennen, det is doch Äksi-Pitionismus. Und wenn det jeder machen täte! Nääh!

Also intressieren täts mich schon, wie ihr uff sone Idee kommt. Ick tät mir det ja nie traun. Na ja, als Bengel, da wollt ick ja ooch mal nackich schaukeln, aber Muttern hat da nen Riesenterror jemacht. Na, und in meim Alter, wer schaukelt da noch, wa?

Un nackich arbeiten tut ihr ooch? An euerm Haus? Und im Jarten? Na ja, mal duschen im Sommer, wenn keener kiekt, det hat meine Süße ja ooch schon jemacht. Und dann ham wa, - hi, hi. - Na ja. - Aber richtig so mit der Schaufel und so? Igitt!

Und wo düst ihr da so rum? In Andalusien! Soso! Jut heiß solls da ja sein, wa. Aber die Katholen, die schmeißn euch doch gleich 'n Krucifix ins Kreuz!? Nee? Ach, keener sacht wat? Komisch! Ick selba hätt ja ooch nüscht dajejen, aber wenn da Jören komm, wat macht ihrn dann?! Na ja, is ja nich mein Bier.

Und wo jehts lang? An der Costa un durch de Berje, hm, na ja, da jibts ja ooch noch mehr, die da loofn, wa. Und da latscht ihr so einfach mittenmang? Nee, nee, da tät ick mir scheniern. Det is doch irjendwie päväers. Und außerdem kriegt man da nen Sonnenbrand uffm Hintern. Wat? Kriegt ihr nich? Na ja, wenn ihrs halt jewöhnt seid.

Und wie siehts da kneipenmäßig aus, so unterwegs? Is nich, wa? Allet Natur? Super Landschaft, nich zujebaut? Glasklaret Wassa? Ihr spinnt, sowat jibts doch jar nich mehr, bloß noch im Kino, det machn die heut allet mitm Compjuta.

Und jesund leben tut ihr? Det tu ick ooch. Heut abend tu ick heilfastn, da schmeckts mir morjen nochmal so jut.

Tschüss ihr Spinner. Ick bleib lieba hier. Heut is meine Süße nich da, da kommt wat in der Glotze, lauter nackichte Weiba, richtich super. Und wenn se dann nach Hause kommt, dann, na ja, ihr wisst schon - Also, tschüssi denn, und fallt nich uffn Arsch, tut ja weh, so janz ohne nix.

8

Vorwort

Wer möchte das nicht? Wandern an der eindrucksvollsten und schönsten Küste Europas. In einer Landschaft, die den Regisseuren vieler unvergesslicher Filme als Kulisse gedient hat. Wandern auf den Spuren von *Lawrence von Arabien* und *Indiana Jones*, durch Wüsten und Felsschluchten, durch eine abenteuerliche Szenerie, in der Outdoor-Spezialisten wie *Jack Wolfskin* ihre Kataloge für Wanderausrüstung virtuell produzieren. Tja Leute, und jetzt kommt der Clou. Nix *Jack Wolfskin*, wir wandern ohne all das Zeugs. Na ja, ok, Rucksack und Schuhe brauchen wir noch. Aber ansonsten wandern wir im Natur-Overall, wie Adam und Eva. Wir haben vom Baum der Erkenntnis gegessen und wissen, der Herr hats nicht verboten. Wem das trotzdem zu abgefahren ist, der kann natürlich auch in seinen Klamotten wandern.

Sieben Touren stellen wir vor. An einsamen oder weniger einsamen Küsten im Naturschutzgebiet des *Cabo de Gata*. Nacktwander-Greenhorns können ihr neues Hobby auf einsamen Bergpfaden austesten, etwas Mutigeren geben wir Ratschläge für Kraxeleien in den Bergen zwischen den schönsten und romantischsten Stränden Europas. Außerdem beschreiben wir in einem Kapitel unsere nackten Aktivitäten an, in, um und auf unserem Mini-Cortijo in einem verlassenen andalusischen Bergdorf. Wir berichten sozusagen über eines der letzten kleinen Abenteuer in dieser ach so gut durchorganisierten und reglementierten Welt.

Wir wünschen euch viel Freude beim Durchblättern und Lesen und beim Nachmachen. Genauso viel Freude, wie es uns gemacht hat, für dieses Buch zu recherchieren, zu wandern, zu fotografieren und zu schreiben.

10

I.
Nacktiv – Vom Frei-Denken zum Frei-Handeln

Wie kommt man zu einem solchen doch relativ ausgefallenen Hobby wie nackt wandern, werden wir oft gefragt und möchten hier einige unserer Beweggründe nachvollziehbar machen.

Wir sind schon immer gern und zu allen Jahreszeiten in der Mark Brandenburg und in Andalusien gewandert. Im Sommer sind wir an den Berliner Seen und an der Ostsee nicht auf die Idee gekommen, uns einen Badeanzug zu kaufen, und wer angesichts der Bademoden an Andalusiens Stränden diese Sparmaßnahme aufgibt, ist selbst schuld. Und da wir zu Hause im Sommer sowieso immer nackt waren, haben wir diesen Brauch auch in und an unserem Häuschen in Spanien beibehalten. Und wenn man sich schon zum Essen nichts anzieht, dann kommt man sehr schnell auf die vereinfachende Idee, auch bei anderen Tätigkeiten Shirt und Hose zu lassen, wo sie sind. Das ist sowohl ökologisch als auch ökonomisch, spart Waschmittel und Textilien und schont damit die Umwelt. Schließlich haben wir unser ökologisches Verständnis auch auf kurze Ausflüge rund um unser Häuschen ausgedehnt, wir wurden immer mutiger und die Runden immer größer.

Die Begegnung mit einer Strandheimkehrerin nur bekleidet mit Sandalen und Rucksack weckte in uns den Nachahmungstrieb, und schließlich haben wir unsere ganze Bekleidung nur noch im Auto gebunkert, um für ausgesprochen soziale Anlässe wie Einkaufen und Stadtbesuche gewappnet zu sein.

Nacktwandern war für uns nicht nur in punkto Kleidung eine lebensverändernde Erfahrung mit unterschiedlichen Phasen:

Phase 1 Angst: Anfangs ist da natürlich noch Angst, da kommt jemand und dann – ? Ja, und dann kommt wirklich einer oder eine oder mehrere, und es passiert – nix. Man grüßt oder lässt es sein, man geht weiter, die Angst ist schon etwas weniger – und dann dasselbe nochmal – und es passiert immer wieder – nix. Nein, natürlich passiert etwas: die Menschen, die uns begegnen, vermitteln uns ihre eigene Befindlichkeit. Meist eine überraschte oder neutrale, oft auch eine positive, ein Lächeln, ein freundlicher Gruß, ein aufmunternder Kommentar oder auch ein erhobener Daumen.

Phase 2 Lebensfreude: Allmählich schwindet die Angst und macht

der Erkenntnis Platz: Angst, Sorge, Kummer und Furcht sind keine uns durch die Lebensumstände gegebenen Faktoren, sondern sie sind Phantome, die sich durch unsere Gerhirnwindungen zwängen und uns unsere Lebensfreude und Freiheit rauben. Das wussten wir vielleicht schon vorher. Theoretisch. Jetzt haben wir es buchstäblich am eigenen Leib erfahren bzw. erlaufen.

Phase 3 Philosophie: Und wenn der Mensch dann so nackt durch die Landschaft läuft, da fängt er an zu philosophieren. »Wieviel Erde braucht der Mensch?« ist der Titel einer Erzählung von *Tolstoi*, und urplötzlich wissen wir, dass wir eigentlich nichts brauchen, weil wir alles schon haben, all das, was wir wirklich brauchen. Das Dasein findet immer mehr seinen Mittelpunkt in uns selbst, wir definieren und fühlen uns mehr als einen Teil des Ganzen. Nackt wandern kann sehr schnell zu einer Art meditativem Erlebnis werden und ist eine Hilfe, um vom Haben zum Sein zu gelangen. Und dann kommt uns das Märchen vom Hans im Glück in den Sinn, wie er am Schluss ohne Goldklumpen, ohne Kuh und ohne Mühlstein glücklich über die Wiese hüpft, und im Geist schreiben wir einen neuen Schluss für das Märchen, wie Hans Hemd und Hose dem Goldklumpen hinterher wirft und nackt Purzelbäume über die Wiese schlägt und wie er immer noch purzelt, wenn er nicht gestorben ist.

Und dann kommen wir schließlich zum Existenziellen, zum Tod und zum neuen Leben, zur sinnlichen oder besinnlichen oder übersinnlichen Phase 4: Bewegung ist Leben. Wandern ist Ausdrucksform des Lebens. Nackt wandern ist eine Ausdrucksform des lebendigen Eros, der sich im Sinnlichen und im Übersinnlichen Raum schaffen kann. Nackt wandern kann zu einer sowohl körperlichen als auch spirituellen Erfahrung für den werden, der seine Ängste überwindet und sich wie ein Kind dem heiligen Dasein anvertraut. Vom Dasein grenzt sich unser Körper durch Kleidung und unser Geist durch Denken ab. Wenn wir beides fallen lassen können, bereiten wir den Boden für etwas Neues. Aber hier schweigt des Sängers Höflichkeit, nein seine Unfähigkeit, denn weder die Erfahrung des Sinnlichen noch des Übersinnlichen vermag er in Worte zu fassen.

Unser Leser Erwin drückt es so aus: *Wenn ich irgendwo auf der Rax einer Gemse splitternackt gegenüber stehe, dann hat das einen ur-religiösen Effekt für mich. Diese Minuten werden immer lebenswichtiger für mich... es ist wie eine Sucht, sich einfach nur nackt an einen Baum zu lehnen und seine Kraft mit der ganzen Haut aufzunehmen...*

Wir haben unsere Buchreihe

unter das Motto »integral nacktiv« gestellt und viele Leser unseres ersten Bandes haben ihr Leben im wahrsten Sinne des Wortes durch die Lektüre des Buches erleichtert. Wir möchten hier stellvertretend für viele andere ähnliche Leserstimmen Philippe zu Wort kommen lassen:

Kürzlich habe ich Euer NacktAktivBuch erhalten. Hiermit möchte ich mich ganz herzlich bei Euch bedanken. Dieses Buch hat mich ein ganzes Stück freier gemacht. Das Nacktsein-Wollen verfolgt mich seit meiner Kindheit. Damals träumte ich von einer einsamen Insel, wo man tun und lassen kann, was man will, ohne jedoch zu vergessen, dass die eigene Freiheit da aufhört, wo die des Nächsten anfängt. Dies beinhaltete auch Nacktsein, ohne dass sich jemand daran stört. Dieser Traum hat mich immer verfolgt, mehr oder weniger präsent. Durch Euer Buch ist er wieder lebendig geworden. Nur dass mir bewusst geworden ist, dass es nicht unbedingt eine einsame Insel sein muss, denn es ist nicht verboten, nackt zu sein! Ich bin schon lange nackt zu Hause, auf FKK-Plätzen, kann mir nicht vorstellen, eine Badehose anzuhaben (kommt mir komisch vor, abartig) und gehe gerne nackt in der Natur. ABER ich habe dabei immer ein schlechtes Gewissen im »öffentlichen Bereich« und auch auf unserer Streuobstwiese, immer auf der Lauer, ob jemand mich sehen könnte. Durch Euer Buch ist mir klar geworden, dass dieses Verhalten (auf der Lauer, bereit sich gleich zu verstecken oder zuzudecken) den anderen das Gefühl vermitteln könnte, dass ich etwas Unrechtes tue. Drum, da es nicht verboten ist, lieber ganz offen und auf eine Auseinandersetzung ankommen lassen. Ihr habt mir klar gemacht, dass ich nicht im Unrecht bin, sogar dass ich ein Recht auf Nacktsein habe. Seitdem fühle ich mich wohl nackt auf unserer Wiese, selbstverständlich, ich kümmere mich nicht mehr um Menschen, die mich eventuell sehen könnten. Ich habe Nacktspaziergänge, Joggen, Autofahrten unternommen und habe mich so gut dabei gefühlt! Hatte keine Angst, einem Polizeiauto zu begegnen oder Leuten, ich konnte sie einfach ignorieren, und wenn eine »Begegnung« stattfindet, kann ich problemlos argumentieren. Zum Beispiel wenn mir jemand vorwirft, ich sei Exhibitionist, sage ich: »Wissen Sie, was der Unterschied zwischen einem Exhibitionist und mir ist? Der Exhibitionist zieht sich aus, damit Menschen ihn sehen können, und ich, obwohl mich Menschen sehen könnten.«

Schon lange würde ich gerne reiten. Nur habe ich immer ein ungutes Gefühl bei dem Gedanken, einem Pferd Sattel und Zaumzeug anzulegen. Euer Bericht über Nacktreiten hat mir gezeigt, dass es möglich ist, und ich werde es bald probieren. Ich

hatte immer gedacht, dass diese Vorstellung abartig sei oder als solche angesehen wird, auch da habt ihr mich frei gemacht, es ist, wie ich es fühlte, ganz natürlich und »unschuldig«. Es ist schon schlimm, wenn in einem Menschen Naivität gepaart mit Nachdenklichkeit vorzufinden ist, denn seine Naivität lässt ihn wertfrei auf Vorstellungen stoßen, die er mit seiner Nachdenklichkeit mit möglichen Auffassungen anderer Menschen und vermeintlichen allgemein gültigen Werten vergleicht und plötzlich ist alles verdorben.

Noch mal vielen Dank für Eure Arbeit. Ich wünsche Euch viel Enthusiasmus, um dies mit Leichtigkeit fortzuführen. Dies ist ein Dienst an die Menschheit, was ihr da leistet.

Unser neues Buch möchte Menschen einen Leitfaden an die Hand geben, die in völliger Freiheit und Ungezwungenheit wandern möchten, frei von Bekleidungszwängen und von inneren Ängsten.

Wir haben deshalb sieben Touren in einem landschaftlich äußerst interessanten und etwas abenteuerlichen Winkel Europas zusammengestellt, wo man relativ problemlos diesem ausgefallenen Hobby nachgehen kann.

Außerdem beschreiben wir unseren nackten Urlaubsalltag in einem kleinen Landhaus in den andalusischen Bergen, wo wir auch nackt schaufeln, Sand karren, Beton anrühren, Holz sägen usw. – kurz wo wir einfach nacktiv sind.

2.
Nacktiv als Kulturexperiment

Nacktivsein ist ein Kulturexperiment des 21. Jahrhunderts. Geistige Ahnmutter der Nacktiven sind die Lebensreformer, die vor etwa 100 Jahren anfänglich ebenso umstritten waren und belächelt wurden wie heute die Nacktiven. Ein Ausbruch aus bürgerlich verkrusteten Konventionen ist immer das Schreckgespenst reaktionärer Kräfte. Die Lebensreformbewegung wurde von Menschen getragen, die sich trauten, aufklärerisches Gedankengut in Form von Utopien unterschiedlichster Art zu verkünden und auch zu leben. So entstanden verschiedene Reformbewegungen, es gab »Reformkatholizismus« und »Reformpädagogik«, Reformschuhe und Reformmargarine, und die so genannten Reformhäuser sind noch heute ökonomische Überreste der Idee einer reformerisch-vegetarischen Naturkosternährung.

Der von beengender Kleidung befreite nackte Körper wurde von der Lebensreformbewegung als Spender körperlichen und seelischen Wohlbefindens entdeckt, die Idee stieß auf den heftigsten Widerstand bürgerlicher Kreise und führte zu öffentlich diskutierten Skandalen. Eine heuchlerische Moral witterte hinter dem Treiben der Nackten ihre eigenen Fantasien und vermutete Ausschweifungen und Orgien.

Die Nacktkultur beantwortete diese Verdächtigungen mit sittlichen Begründungen. Um unverdächtig zu sein, musste sie die höheren körperlichen und geistigen Werte wie Gesundheit, Sport oder Wahrhaftigkeit und die Religion in den Vordergrund stellen und erotische Aspekte weit von sich weisen. FKK-Vereine waren schon immer Horte der Prüderie, und wohlgefällige Blicke auf nackte Tatsachen verpönt, sich Anfassen verboten und sichtbares sexuelles Vergnügen wurde mit Platzverweis beantwortet. Den Vereinen kann und soll damit kein Vorwurf gemacht werden; in einer virtuell mit Nacktem und Sex übersättigten Gesellschaft scheinen Ängste vor einem sexuellen Umfunktionalisieren des Nacktseins durchaus nicht ungerechtfertigt, wie das Beispiel des Naturisten-Zentrums *Cap d'Agde* zeigt, dessen Name in eingeweihten Kreisen bereits als ein Synonym für »to make love« gilt. Dort geht die Entwicklung von »oversexed« zu »undernaked« Hand in Hand, so wurde uns zumindest berichtet. Nur noch eine Minderheit bewegt sich dort nackt auf dem Gelände, viele ziehen sich erst am Strand aus, um sich nackt zu sonnen oder Sexspiele zu zelebrieren. Sich nackt in der Öffentlichkeit – selbst in einer abgesonderten – zu bewegen, scheint vielen unangenehm zu sein; für uns eher ein Zeichen, dass sich das Publikum solcher Einrichtungen grundlegend geändert hat. Hier will man nicht nackt sein, sondern sich »entblößen« und sucht Reize jenseits des traditionellen Nacktkultur-Gedankens.

Die Grundidee der Naturismusbewegung im Rahmen der Lebensreform war der natürliche nackte Mensch in der freien Natur. Die ersten Anhänger dieser Nacktkultur waren Menschen, die allein oder in Gruppen durch Wälder und Felder streiften, auf Wiesen und Waldlichtungen in Spiel, Sport und Tanz ihren Drang nach Bewegung in Licht, Luft und Sonne realisierten. Die Prüderie der damaligen Zeit schob diesen Aktivitäten jedoch bald nach Bekanntwerden einen Riegel vor. Geldbußen und Freiheitsstrafen schüchterten die Nacktivisten des beginnenden 20. Jahrhunderts ein und sie zogen sich allmählich auf Privatgelände oder eigens für diese Zwecke gemeinsam gepachtete oder gekaufte Gelände zurück.

Diese Entwicklung war eigentlich der Anfang vom Ende einer wirklichen Nacktkulturbewegung, wie sie von den Begründern gedacht gewesen war. Der ursprüngliche Gedanke des sich Bewegens in freier Natur wurde damit konterkariert. Die freie Natur endete nach wenigen hundert Metern am Zaun, der noch dazu bis heute in der Regel ein hoher Bretterzaun sein musste, um neugierigen Blicken ein Eindringen in eine solche Privatsphäre zu verwehren. Sich verstecken müssen und ein schlechtes Gewissen haben war damit der Begleiter des ganzen Kulturexperiments und gleichzeitig dessen Tod. Die ursprüngliche Idee war durch wahrscheinlich unvermeidliche Kompromisse im Keim erstickt worden, schwelte jedoch während der Zeit des Nationalsozialismus, des zweiten Weltkriegs und während der Aufbau- und Konsumphase der Nachkriegszeit unter der Oberfläche weiter.

Die Nacktiven von heute knüpfen an den Ursprungsgedanken der Lebensreformbewegung an, die während der Zeit der Hippie- und 68-er Bewegung allmählich wieder Konturen gewann und schließlich zu der Eroberung der Gebiete rund um Baggerseen, an Flussufern oder an Meeresstränden durch Nackte führte. Die Nacktiven führen diese Entwicklung eigentlich nur konsequent fort, indem sie dem nackten Menschen wieder die ganze freie Natur zugänglich machen wollen.

3.
Nacktiv in Spanien

Spanien ist im Hinblick auf Nacktsein inzwischen das fortschrittlichste Land Europas. Wir haben in unserem ersten Band der Reihe *integral nacktiv* ausführlich die Entwicklung der letzten Jahre dargestellt. Wir möchten hier nur die drei wichtigsten Ereignisse zusammenfassen:

1. Seit 2001 findet in *Zaragozza* im Rahmen des sog. WNBR (World-Naked-Bike-Ride) die international größte Veranstaltung statt. In anderen Städten liegt die Zahl der Teilnehmer zwischen einer Handvoll und einigen Dutzend, in *Zaragozza* sind es regelmäßig mehrere Hundert. Der WNBR wird in den meisten Ländern als Protest gegen den zunehmenden Autoverkehr veranstaltet und es wird für die vermehrte Benutzung des Fahrrads als Verkehrsmittel plädiert.

2. Anfang Juni 2003 folgten siebentausend Menschen einem Aufruf des New Yorker Künstlers und Fotografen *Spencer Tunick* nach *Barcelona* und ließen dort im Namen der Kunst und auch in ihrem eigenen Namen alle Hüllen fallen. Ähnliche Performanceaktionen und Happenings hatte *Tunick* bereits in *Melbourne* und im katholischen Chile veranstaltet, jedoch mit deutlich weniger Teilnehmern.

3. Im Spätsommer 2004 wurde mit Unterstützung der Stadtverwaltung von *Barcelona* von dem Naturistenverband ADDAN ein Faltblatt veröffentlicht, in dem das Recht der Bürger, nackt durch die Straßen der Stadt zu gehen, anerkannt wird. Julie und Werner haben das im April 2005 zwei Mal ausgetestet. Hier der Bericht von Werner:

Sensation! In Barcelona, im prüde-katholischen Spanien, kann und darf man nackt sein. Immer. Überall. Wann und wo immer man will. Dieses hatte Addan dem Parlament abgerungen.

Nun, muss man wirklich erst erwähnen, dass sich in der Plage des täglichen Lebens hin und wieder Widersprüche auftun zwischen Theorie und Praxis? Kurz: Julie und ich mochten nicht alles so vorbehaltlos annehmen, was so aus dritter Hand geschrieben wurde. Was macht man in einem solchen Fall? Man schaut selbst nach.

Also schnürten wir unsere Bündel und nutzten ein »langes« Wochenende Anfang April 2005 dazu, selbst einmal nach dem Rechten zu schauen.

Es ist bescheuert, eine solche Wochenendtour mit dem Auto zu unternehmen. Also taten wir es. Zelt eingepackt und los.

Es wurde eine wundervolle Fahrt. Wir genossen sie über alle Maßen. Gefahren sind wir grundsätzlich nackt. Durch alle Mautstellen, über die Grenzen. Immer. Absolut problemlos. Picknick da, wo es schön war. Und niemand meckerte. Gezeltet haben wir bis auf eine Ausnahme »wild«. Und auch hier gab es keinerlei irgendwie gearteten Ärger.

Die Costa Brava war wunderschön und zeigte sich bei allerbestem Wetter. Immer wieder liefen wir Parkplätze an, um die traumhafte Aussicht in uns aufzunehmen. Und natürlich um ein bisschen rumzujuxen.

Natürlich vergaßen wir nicht, weshalb wir eigentlich unterwegs waren: Wir wollten wissen, was denn dran sei an der freien Nacktheit. Was bietet sich dafür besser an als

Rumjuxen auf spanischen Landstraßen

das brodelnde Leben von Lloret de Mar? Das Bild auf S. 28 zeigt Julie an einem Aussichtspunkt oberhalb der Stadt mit Blick auf den Strand und die Esplanade, auf der wir es ausprobieren wollten.

Und wir wollten es dokumentieren: Ich baute mich mit Filmkamera und Stativ auf der Esplanade auf, Julie ließ ihr knappes Netzhemd fallen und schlenderte splitterfasernackt die Promenade entlang. Hinauf und hinab. Mitten zwischen Hunderten von Passanten. Und das Verblüffende geschah: Es interessierte niemanden. Niemanden!!! Kaum jemand schaute hin, und praktisch niemand drehte sich auch nur um. Wenn man den Film sieht, den wir gemacht haben, möchte man meinen, es sei so inszeniert. Aber es ist das reale Leben: Niemand stört sich an Nacktheit.

Daraufhin wollten wir dasselbe Experiment an einem anderen Teil der Promenade wiederholen, da, wo

Ungewöhnliche Aus-/An-sichten

Julie an einem Aussichtspunkt oberhalb Lloret de Mar mit Blick auf den Strand und die Esplanade

mehr »Strandleben« herrschte. Wieder filmte ich, wieder lief Julie los, aber diesmal herrschte mich nach kurzem eine derbe Stimme auf Spanisch an. Als ich nicht reagierte, wurde mir das Objektiv zugehalten. Julie kam hinzu und warf sich ihr Netzhemd über. Es war ein Strand-Ordnungshüter der Stadt Lloret de Mar. Wir einigten uns nach kurzer Nickligkeit darauf, uns auf Englisch zu unterhalten. Er vermittelte uns, dass in Lloret Nacktheit – auch am Strand – verboten sei. Natürlich konfrontierten wir ihn mit dem Beschluss des katalanischen Parlaments. Er hatte von diesem noch nie gehört, beharrte aber darauf, dass dann sowieso die Gemeindeordnung der Stadt Lloret de Mar maßgebend sei, und die verbiete Nacktheit nun einmal explizit. Es half nichts – wir hatten es so zu akzeptieren. Nachdem das Gespräch recht »feurig« begonnen hatte, verabschiedeten wir uns mit einem freundlichen Lachen und Winken.

Dies also war die Praxis. Es empfiehlt sich übrigens nicht, einem spanischen Ordnungshüter gegenüber auf seinem realen oder vermeintlichen Recht zu beharren.

Schließlich rollten wir weiter nach Barcelona. Dort mussten wir dann allerdings feststellen, dass wir keine Chance mehr hatten, irgendjemand von Addan aufzutreiben. Also beschränkten wir uns auf einen Rundgang um die Sagrada Famila von Gaudi. Und am nächsten Tag ging es auch schon wieder zurück.

Nun ist so ein nackter »Boardwalk« ja keineswegs repräsentativ. Und somit waren wir nicht viel klüger geworden. Wer sind wir denn, dass wir so schnell aufgeben? Drei Wochen später gab es den nächsten Brückentag, und da wollten wir mit Addan sprechen. Wir erreichten unterwegs den Sekretär (mühselig auf schlechtem Englisch) und verabredeten uns für denselben Abend im großen zentralen Einkaufszentrum Barcelonas.

Das Gespräch war hochinteressant. Ich fasse in kurzen Worten zusammen: Addan hat zwar dem katalanischen Parlament besagtes Zugeständnis abgerungen, aber es interessiert im Grunde keine Sau. Die spanische Polizei macht, was sie will, und der einzige konkrete Rat, den Herr Duran uns geben konnte, war: »Wenn ihr Ärger mit der Polizei bekommt, ruft uns an. Wir versuchen, euch da rauszuhauen.«

Im übrigen hat sich herausgestellt, dass Addan eigentlich nur aus zweieinhalb Personen besteht. Und dass Addan überhaupt kein Interesse hat, mit Aktionen oder Aktivitäten an die Öffentlichkeit zu gehen. Sie beschränken sich auf jene Dinge und Sachverhalte, die sich mit beschriebenem Papier erledigen lassen. Das ist keine Trägheit, es ist eine bestimmte Philosophie, die dahintersteckt.

Nun, der Tag war rum, und am nächsten schönen Tag schauten wir uns noch in Barcelona um. Mittags gönnten wir uns eine große Tüte frischer Krabben und begaben uns zu einem Picknick in einen hübschen Park unweit des Zoos. Er war gut bevölkert von vorwiegend jüngeren Leuten in Gruppen. Und niemand nahm irgendeinen Anstoß daran, dass wir uns splitterfasernackt mitten zwischen ihnen platzierten und unser Essen genossen.

Ein wenig genauer wollten wir es dann doch noch wissen: Wie reagieren denn nun die Leute in Barcelona auf Nacktheit mitten in ihrer Stadt?

Und wieder machten wir die Probe aufs Exempel: Am Anfang des Passeig de Lluís Companys steht der »Arc de Triomf«. Genau dieses Flanierstück suchten wir uns aus. Ich baute mich wieder mit Kamera und Stativ auf, und Julie spazierte und flanierte nackt zwischen Spaziergängern und jugendlichen Skateboardfahrern. Und wie schon in Lloret de Mar: Niemand interessierte sich dafür. Kein Skater unterbrach sein Treiben, kein Spaziergänger blieb stehen – nichts.

Natürlich sind zwei Nacktspaziergänge nicht repräsentativ für allgemeine Reaktionen.

Aber der Umstand, dass in bei-

Krabbenpicknick im Park in Barcelona

den Fällen von der »normalen« Bevölkerung absolut keine negative Reaktion ausging – vom Ordnungshüter mal abgesehen, dessen Job es ja ist – lässt doch zumindest einige schlimme Befürchtungen und vieles an Bedrohlichem in einem milderen Licht erscheinen.

Schon wegen dieser Erkenntnisse haben sich beide Fahrten gelohnt. Und wundervoll darüber hinaus waren sie sowieso. Wenn sie auch arg bekloppt waren.

Soweit der Bericht von Werner. Leider gibt es über die entscheidenden Passagen und Aktionen keine Fotos, da Werner alles nur gefilmt hat.

Wir selbst haben in Spanien ebenfalls nur neutrale oder positive Reaktionen auf Nacktivitäten feststellen können. Nackt Auto fahren wird eher amüsiert und gelassen registriert, die meisten schauen nicht einmal hin. Selbst im noch traditionelleren Andalusien sind wir mit unseren Aktionen keinesfalls negativ aufgefallen; allerdings haben wir ansonsten unser Kulturexperiment auf unser kleines Haus in den Bergen und auf relativ einsame Berg- und Küstenregionen beschränkt.

An der Quelle von San Pedro an der Costa de Almeria

4.
Nacktiv in Andalusien

Andalusien ist *das* Sonnenland Spaniens schlechthin, *andaluz*, das heißt *im Licht gehen* und viele zieht es zu diesem Licht. Uns auch.

Andalusien als der südlichste und der von Zentraleuropa am weitesten entfernte Teil Spaniens wird in der Regel als konservativ und puritanisch angesehen. In den letzten 20 Jahren hat sich hier jedoch vieles verändert. Insbesondere an den Küsten ist der Einfluss einer modernen Entwicklung festzustellen und die Einwohner werden zunehmend weltoffener; die inzwischen gut ausgebauten Verkehrswege nach *Madrid* ziehen viele spanische Kurz- und Wochenend-Urlauber an die Küste, viele legen sich dort Immobilien zu und der Bau-Boom ist nicht zuletzt auch durch die Spanier selbst ungebrochen. Das Angebot der Billigflieger zieht darüber hinaus immer mehr Urlauber aus Deutschland, England, Skandinavien und sogar zunehmend aus den Ostblockländern nach Andalusien und viele nutzen die immer noch vergleichsweise niedrigen Bodenpreise zum Kauf von Immobilien. Die Küsten sind allmählich fast zugebaut oder sie wurden zu Naturschutzgebieten erklärt, die Bodenpreise sind gestiegen, und allmählich entdecken nordeuropäische Romantiker und Naturliebhaber, aber auch die Spanier selbst, wieder den Reiz des andalusischen Hinterlandes und verlassene Cortijos (Bauernhäuser) und Dörfer werden nach und nach wieder besiedelt.

Diese Entwicklung ist nicht ohne Auswirkung auf die andalusische Bevölkerung geblieben. Immer mehr jüngere oder jung gebliebene Menschen bestimmen das Bild an den Küsten, zumindest in den Sommermonaten, und so hat auch die andalusische Bevölkerung inzwischen immer weniger Probleme mit den Nackten. Nackt baden ist an den meisten Stränden eine Selbstverständlichkeit, wenn auch an den leicht zugänglichen Stränden die meisten angezogen sind. An weniger leicht zugänglichen Buchten *(Calas)* sind jedoch in der Regel die Nackten in der Überzahl.

Man ist daher den Anblick von Nackten durchaus gewohnt, und wir waren verblüfft, wie leicht bekleidet insbesondere manche Frauen in den Ortschaften oder auf den Märkten anzutreffen sind, manchmal nur hauchdünne, tief ausgeschnittene Kleidchen, die nur notdürftig den Hintern bedecken. Nicht junge Mädchen, die sind meist nicht so herzerfrischend freigiebig mit ihren Formen, sondern ganz normale Hausfrauen, meist etwas rundlich, denen es einfach zu warm ist in normaler Kleidung und die sich sichtlich wohl fühlen in ihrer Minimalbekleidung.

Die angenehmsten Temperaturen für Nacktwanderungen sind in Andalusien das Frühjahr und der Herbst. Die Monate Juli und August sind einfach zu heiß, da liegt man lieber im Schatten. Selbst der Juni und der September können manchmal ebenfalls noch ganz schön heiß sein, aber man kann dann die frühen Vormittags- und Nachmittagsstunden nutzen. Die Monate Mai und Oktober sind zum Wandern schon eher zu empfehlen, allerdings können die Wanderfreuden dann schon mal durch kühlere Winde getrübt werden. Wir haben uns diesmal für den Oktober und den Februar entschieden.

In den folgenden Kapiteln möchten wir euch unsere Aktivitäten in einem uns sehr vertrauten Teil Andalusiens vorstellen, dem *Cabo de Gata*. In diesem Naturschutzgebiet liegt unser Mini-Cortijo, und dort haben wir die Wege in den Bergen im Hinterland und an den Küsten schon seit Jahren erforscht.

5.
Nacktiv in Andalusiens Bergen

So, jetzt sind wir also seelisch und körperlich gut vorbereitet auf dem Flughafen in *Valencia* gelandet, die warme Herbstluft schlägt uns nach den durchaus schon kühlen Temperaturen in *Berlin* angenehm entgegen, der bestellte Mietwagen steht für uns bereit und bald sind wir auf den Nationalstraßen Richtung Süden.

Wir steuern den ersten Supermarkt an und kaufen Getränke und Obst. Auf dem nächsten Parkplatz ziehen wir uns unser »Flugzeugs« aus. Den Rest der Strecke werden wir nackt fahren. Wir kümmern uns nicht darum, ob oder wer uns sieht. Es ist egal.

Wir haben am Anfang die Erfahrung gemacht, dass Kontrollblicke nach dem Motto, mal sehen, wie die andern so reagieren, eher die Blicke unserer Mitmenschen auf uns ziehen. Manchmal sehen wir eher durch Zufall einen amüsierten Blick, aber es hupt niemand, wie es manchmal in Deutschland passiert.

Wir lösen uns jede Stunde beim Fahren ab und einer von uns muss dann nackt ums Auto gehen; deshalb meiden wir belebte Parkplätze eher. Bald gewöhnen wir uns wieder daran, nackt auf spanischen Landstraßen zu fahren, es wird zur Selbstverständlichkeit, und schließlich wundern wir uns eher, warum die anderen alle etwas anhaben, es ist doch so warm.

Wahrscheinlich ist auch das Angezogensein einfach eine Gewohnheitssache. Es kommt einfach niemand auf den Gedanken, sich zum Beispiel im Auto oder bei anderen Gelegenheiten auszuziehen, die Macht der Gewohnheit schränkt das Denken ein, bis schließlich die Kreativität verkümmert und der Mensch in Schablonen lebt, die ihn daran hindern, Neues zu entdecken oder auch Uraltes wiederzuentdecken.

Schließlich sind wir fast zu Hause, vor *Carboneras* ziehen wir uns wieder ganz manierlich an und kaufen im Super-Mercado Obst, Gemüse usw. für die nächsten Tage, und nach weiteren 10 Kilometern sind wir auf unserem Berg.

Unser Häuschen liegt etwa 300 Meter hoch in einem verlassenen Dorf. Die ehemaligen Bewohner sind ins Tal gezogen zu den Annehmlichkeiten der Zivilisation, zu elektrischem Strom und fließendem Wasser. Hier oben gibt es auch fließendes Wasser, aber nicht aus dem Hahn, sondern aus einer Quelle.

Als erstem begegnen wir Chris, dem Maler. »*Hello, how are you? Nice to see you again!*« Er lebt schon seit 15 Jahren hier am Dorfeingang, seit ein paar Jahren mit seiner Freundin, ebenfalls Malerin. Er ist des Lichtes wegen von England nach Andalusien gekommen. Wegen der warmen andalusischen Farben, die es sonst nirgends auf der Welt gibt. Die Bilder von Chris sind bei Kunstliebhabern in Spanien und England inzwischen bekannt für ihre farbliche Ausdruckskraft.

Chris ist sozusagen der Dorfbürgermeister, und mit den Nackten hat er nichts am Hut: »*I'm not a nudist*«, hat er einmal vor Jahren gesagt, und wir belästigen ihn auch nicht mit unserer nackten Haut. Er ist sowieso meistens den ganzen Tag unterwegs, um Ausstellungen zu organisieren oder anderen Engländern oder manchmal auch Spaniern ihre Domizile wohnlich zu gestalten.

Wir bringen unsere Rucksäcke und unsere Einkäufe zu unserem kleinen Haus, etwa 100 Meter Fußweg auf einem schmalen Pfad, vorbei an den Ziegenställen von Antonio, der hier nach dem Wegzug seiner Familie seine Ziegen untergebracht hat und diese von hier aus jeden Tag in die Berge führt.

Wir schließen die alte Holztür auf. Alles unverändert. Die Ratten haben wie immer ihren kleinen Nudelreis auf den alten Bettlaken hinterlassen, die wir über Tische, Stühle und Regale gelegt haben, auch zum Schutz vor herabrieselnden Canja-Teilen und Schiefersand.

Das Dach ist immer noch nach der herkömmlichen Art mit Canjas, einer Art Schilfrohr, gedeckt, über die Schilfblätter gelegt werden und dann eine mehrere Zentimeter dicke Schiefersandschicht. Es kann passieren, dass ein allzu heftiger Regen Löcher in den Schiefersand wäscht und Wasser ins Haus läuft. Diesmal ist alles dicht. Na ja, im Herbst ist die Wahrscheinlichkeit dafür ja gering, es hat den ganzen Sommer nicht geregnet, wie uns Chris schon

oben: Antonios Ziegen, dahinter das Haus von Chris, dem Kunstmaler aus London
S. 38/39: Beton fügt sich harmonisch in andalusisches fossiles Urgestein – »La Concha«, auf dem Weg zu unserem Domizil. Hier hat sich eine Lehrerin aus Pamplona einen Lebenstraum erfüllt – Leben in einer Muschel.

oben: Unser Vorgarten in frühlingshafter Morgenstimmung im Februar
unten: unser Anwesen

erzählt hat.

Aber vor Überraschungen ist man hier nicht gefeit. Vor einigen Jahren standen wir hier bei unserer Ankunft vor einer verschlossenen Tür und einem Rätsel! Die Tür war von innen verriegelt, und niemand im Haus! Geister? Scherzbolde? Jedenfalls mussten wir mit geliehenen Werkzeugen die Tür aufbrechen, um den Riegel wieder zurückschieben zu können. Und niemand war im Haus, alle Fenster geschlossen bzw. vergittert!

Erst lange später konnten wir das Rätsel lösen. Der Riegel besteht aus einem Stück Vierkant-Holz, das in ein Loch in der Wand gesteckt wird, und das man so weit herauszieht, dass die Tür von innen blockiert wird. Hinter diesem Stück Holz hatten sich Geckos ihr Wohnzimmer eingerichtet – und auf dem Weg zum Gecko-Supermercado an der Zimmerdecke wahrscheinlich den Riegel verschoben. Meine Entdeckung machte ich, als sich der Riegel nur schwer verschieben ließ, ich mit Kraft daran zog und – ein zerquetschter Gecko zum Vorschein kam. Tut mir leid für dich!

Wir befreien unser Bett von der Teichfolie, die wir zum Schutz vor Wassereinbrüchen darüber gelegt haben, schlagen die Betten zurück – ein kleiner brauner Schatten schlüpft über das Laken und dann unter den alten Herd und ist verschwunden. Unser Bett wurde als Kinderstube für Ratten gebraucht, die Bettbezüge als Lieferant für Materialien für den Nestbau. Ein kleiner Beistelltisch hatte ihnen als Trittbrett gedient. Na ja, Gott sei Dank hat es nur die Bezüge erwischt, die Betten sind noch in Ordnung, also neue Bezüge drauf und rein in die Falle.

Angst vor irgendwelchen Krankheiten, die Ratten übertragen, brauchen wir nicht zu haben. Es gibt keine Abwasserkanäle, die Natur ist noch in Ordnung und auch Ratten leben hier oben gesund.

Am nächsten Morgen weckt uns die Sonne relativ spät. Hier weit im Westen geht die Sonne über eine Stunde später auf als in Deutschland. Es ist noch kühl. Wolfgang holt frisches Wasser von der Quelle,

An der Quelle beim Wasser holen

Anita macht Frühstück. Nach kurzer Zeit wird es warm genug, um uns ganz auszuziehen. Das Frühstück nehmen wir wie immer auf unserer »Terrasse« zu uns, das ist das Dach eines ehemaligen Ziegenstalles, der etwas tiefer am Hang steht und uns jetzt als »Esszimmer« dient. Wir genießen den Blick auf die Berge, betrachten still die Nebeldünste, die langsam aus dem Tal emporkriechen und sind dankbar dafür, an diesem entlegenen Teil der Welt inmitten eines Naturschutzgebietes ein Refugium gefunden zu haben, wo wir unsere Seele baumeln lassen können und unserem Körper die Freiheit schenken können, die er sich nehmen möchte.

Dem Erwerb dieses Hauses war ein anderer fehlgeschlagener Versuch vorausgegangen: Nicht weit weg, völlig allein in den Bergen, stand und steht immer noch ein wunderschöner Cortijo, damals noch gut erhalten. Bei den Verkaufsverhandlungen pries die damals etwa 70-jährige Bäuerin Anna dieses Anwesen nicht nur wegen der landschaftlich reizvollen Lage: »Niemand kann einen hier sehen. Man kann hier immer nackt herumlaufen!« Nun, aus dem Kauf wurde dann aus verschiedenen Gründen doch nichts. Aber es ist interessant, dass auch Menschen, die nichts mit Nacktiv am Hut haben, Freiheit mit nackt-sein-können in Verbindung bringen.

Nach dem Frühstück »duschen« wir, d.h. ein Badeschwamm in heißes Wasser getaucht und über dem Kopf ausgedrückt wird zur Dusche

Frühstück machen

Duschen mit der Schwammdusche

erklärt. Die Duschwanne ist der Platz neben dem von uns gepflanzten Olivenbaum, und der bekommt dadurch wieder einmal reichlich Wasser.

Wir haben hier nur angepflanzt, was auch mehrere Monate ohne Wasser auskommen kann: Oliven, Mandeln, Rosmarin, Thymian und Kakteen der unterschiedlichsten Art. Im Frühjahr ist in der Regel der Platz vor dem Haus völlig mit Gras und Kräutern zugewuchert und muss dann wieder gerodet werden.

Um unser Grundstück haben wir Stachelkakteen und sog. Jumbos gepflanzt und werfen alles Organische an den Zaun, den wir zum Schutz gegen die vagabundierenden Ziegen aufstellen mussten, weil sie sonst alles kahl fressen.

Wir haben unser Haus und unser Grundstück zur textilfreien Zone erklärt. Wir arbeiten nackt auf dem Grundstück, im, an und auf dem Haus. Nur wenn Marokkaner sporadisch am Nachbarhaus weiter bauen, dann werfen wir uns doch zum

Unser Esszimmer

Wasser holen an der nahen Quelle etwas über. Unsere französischen Nachbarn hatten uns darum gebeten, Rücksicht auf die muslimische Tradition zu nehmen. Ja, manchmal haben wir auch unmittelbare Nachbarn.

Andrée und Hervé sind meistens nur zu Weihnachten und Ostern und im August da. Andrée hat eine psychotherapeutische Praxis in Paris und plante ursprünglich hier im Dorf eine therapeutische Betreuung für psychisch Kranke. Sie sonnt sich auch schon mal oben ohne auf ihrer Dachterrasse, seit sie uns nackt gesehen hat.

Die beiden Franzosen haben viele Bäume, Sträucher, Blumen usw. anpflanzen lassen, und alle 12 Tage kommt Pepone, ein junger Gartenbauingenieur, der die Gartenpflege und die Bewässerung übernommen hat.

Bei unserem vorletzten Andalusienbesuch hat Pepone uns völlig nackt angetroffen. Wir haben ihn freundlich begrüßt, er hat uns

Wassernachschub für den Abwasch und die Dusche

die neuesten Nachrichten von dem großen Skandal am Algarrobico-Strand erzählt: Eine riesige Hotelanlage wurde und wird immer noch an einem der letzten zugänglichen Strände trotz massivem Protest der Bevölkerung errichtet, mitten im Naturschutzgebiet des *Cabo de Gata*. Die Baugenehmigung stammt angeblich noch aus der Zeit, als dieses Gebiet noch nicht unter Naturschutz gestellt worden war.

Dann geht er seinen Pflichten als Gärtner nach und wir sehen ihn auf dem Hausdach stehen – splitternackt mit einer riesigen Gartenschere in den Händen und den Jasmin beschneiden, der über das Rankgerüst vor dem Haus hinauf aufs Dach geklettert ist und dort alles zuwuchert. Später macht er nackt Gymnastik und meditiert dann still mit Blick auf die Berge.

Wir sind beeindruckt, wie leicht Menschen für etwas zu gewinnen sind, was doch eigentlich recht ungewöhnlich ist und wozu es eines gewissen Mutes bedarf. Aber wenn jemand den Anfang macht, dann geht es häufig sehr schnell, dass man Nachahmer findet, die sich sozusagen auf andere berufen können. Das haben wir schon sehr oft an Stränden erfahren, an denen wir uns als erste nackt auszogen und nach ein paar Stunden war die Hälfte der Strandbesucher nackt.

Ja, und dann beginnt der andalusische Urlaubs- und Arbeits-Alltag.

Es gibt immer viel zu tun an unserem Häuschen. Die Mauern sind zwar aus unverwüstlichen Natursteinen, aber gemauert wurden diese Steine mit der am Ort zu findenden Sanderde plus Kalk. Immer wieder findet das Wasser nach heftigen Winterregenfällen seinen Weg zwischen den Feldsteinen und allmählich löst sich hier und da der Putz von den Wänden. Dann bedarf es einer gründlichen Sanierung: alten Putz abschlagen und neu verputzen und neu streichen. Diese Arbeiten sind diesmal fällig.

S. 48/49: Unser Dorf mit den vorgelagerten Terrassen, verlassen von den andalusischen Bergbauer-Familien, wiederbesiedelt durch englische, französische und deutsche Naturliebhaber.

Eine unserer Hauptaktivitäten ist die Dachpflege. Die Pflanzen, die sich auf dem Dach in dem Terraroja-Schiefersand angesiedelt haben, müssen einzeln mit der Hand und möglichst mit allen Wurzeln ausgerissen werden, um die Bildung kleiner Kanäle zu verhindern, die durch die Verrottung der Wurzeln im Sand entstehen und durch die das Regenwasser leicht eindringen kann. Und jeder Regen schwemmt feines Material vom Dach und lässt die Schicht immer dünner werden, das heißt eigentlich nach jedem heftigen Regen müssen eine oder zwei Schubkarren voll Schiefersand wieder auf das Dach aufgebracht werden. Schiefersand besteht aus ganz kleinen, flachen Schieferplättchen, die eigentlich eine gute Sperreigenschaft für Regenwasser haben, aber den Sturzbächen spanischer Herbstgüsse einfach nicht gewachsen sind.

Also, los gehts. Erst den schmalen Eselspfad zum Dorfeingang und dann die Piste hinauf, die in die Berge führt und nur noch von Geländewagen befahrbar ist. Dort ist unsere »Kiesgrube«; der Schiefersand wird lockergehackt und in die Schubkarre gesiebt.

Dann gehts wieder zurück mit unserer Ausbeute zum Häuschen. Diesmal sollen die Dachränder abgedichtet werden; es läuft immer wieder Wasser an den Wänden entlang und wir wollen deshalb rund um das ganze Hausdach eine Ab-

schrägung der Kanten mit Schiefersand aufbringen.

Erst mal die Leiter holen, dann den Sand hinters Haus bringen, dort kann man am leichtesten aufs Dach. Dann wird in Eimern der Sand mit Wasser zu einem Brei angerührt und aufs Dach gebracht. Dort kann Anita nach Herzenslust matschen und den Brei liebevoll die Kanten entlang schmieren.

Wasser ist in Andalusien sehr kostbar. Wir haben das Glück, dass es in unserem kleinen Dorf eine Quelle gibt. Sie ist etwa 50 Meter unterhalb unseres Hauses und Wasserholen ist eine regelmäßige Tätigkeit, die wir aber auch nicht als Arbeit empfinden, sondern als etwas Besonderes. Frisch und klar entspringt hier das kostbare Nass seit Jahrtausenden aus den Felsen des Berges und war seinerzeit die Lebensgrundlage der Dorfbewohner, die in der Zwischenzeit zwar in den Dörfern im Tal oder in Carboneras wohnen – viele kommen aber immer noch zu ihren Gärten, die sie regelmäßig bewirtschaften und natürlich bewässern.

Das Wasser wird in einem »balsa«, einem Wasserbecken aufgefangen und täglich kommen die ehemaligen Dorfbewohner und leiten das Wasser über Gräben oder inzwischen auch Schläuche auf ihre Terrassen. Dort werden Wein, Orangen, Zitronen, Feigen, aber auch Kartoffeln, Tomaten, Erbsen, Kohl und andere Feldfrüchte für den eigenen Bedarf

angebaut. Alle 12 Tage hat eine andere Familie ihr Wasserrecht, d.h. es kann das in den letzten 24 Stunden in das balsa gelaufene Wasser abgelassen werden. Wir selbst haben uns nur wenige Stunden Wasserrecht zu dem Haus dazugekauft und teilen uns einen Tag mit unseren französischen Nachbarn. Wir haben große Plastikfässer vor dem Haus stehen und pumpen Wasser meistens einmal je Urlaub mit dem Generator und einer Pumpe nach oben. Wenn es richtig heiß ist, gönnen wir uns auch schon mal eine richtige Dusche an der Quelle direkt aus dem Wasserkanister.

Neben den Arbeiten am Haus gibt es natürlich noch die alltäglichen

Dinge zu erledigen, z.B. die Hausarbeit oder Holz sägen für das gemütliche Feuer am Abend vor dem Haus oder im Kaminofen. Und natürlich müssen wir unsere Dokumentation für dieses Buch machen, Aufzeichnungen und Ideen niederschreiben und die Fotos von der Digitalcamera auf das Notebook speichern.

Dazwischen dürfen natürlich auch unsere Freizeitaktivitäten außerhalb unseres Grundstücks nicht zu kurz kommen: wandern und schwimmen im Meer. Wir gehen sehr gern in den nahegelegenen Bergen spazieren oder wandern. Besonders angenehm ist dabei, dass wir hier keinen Rucksack brauchen, wir gehen völlig nackt aus dem Haus und können stundenlang unbeschwert durch die Gegend streifen.

In den Bergen oberhalb unseres Hauses wurde ehemals Eisenerz abgebaut. Noch heute sind dort die Ruinen der ehemaligen Gruben, Förderanlagen, Schächte und Tunnel zu finden, manchmal etwas beklemmend, aber durchaus nicht jeder Romantik entbehrend, wenn man sich vorstellt, dass in dieser nur noch von Eidechsen, Rebhühnern und Adlern bewohnten Gegend noch vor mehreren Jahrzehnten reges industrielles Leben herrschte und die Arbeiter hier auch teilweise wohnten. Die damals angelegten Pisten für den Abtransport sind heute nur noch an wenigen Stellen zu erkennen und durch Regen und Erdrutsche wieder fast völlig von der andalusischen Wildnis zurückerobert worden.

Auf diesen hausnahen Wanderungen hatten wir bisher fast überhaupt keine Begegnungen. Höchstens Antonio mit seiner Ziegenherde sieht uns von Weitem, aber er ist unseren Anblick gewöhnt und freut sich wahrscheinlich über die angenehme Abwechslung in seinem Ziegen-Alltag. Auch beim Sand holen sind wir ihm schon begegnet.

Eine andere Begegnung hatten wir auf einer etwas weiter in den Bergen liegenden Piste mit einem Baggerfahrer, der hoch oben auf einem Berg Erdarbeiten für eine Olivenplantage ausführte. Unser Weg führte uns einige hundert Meter entfernt um diesen Berg herum. Als er uns entdeckte, machte er sich an seinem Fahrzeug zu schaffen und richtete es so ein, dass er uns immer im Blickfeld behielt, bis wir außer Sichtweite waren. Aber normalerweise begegnen wir niemandem. Die Berge sind einsam und nur von ein paar Rebhühnern und kleinen Wildschweinen bevölkert, die wir manchmal sogar in großen Rudeln von bis zu etwa 30 Stück gesichtet haben, die aber dann in panischer Flucht schnell verschwinden.

In den Bergen gibt es sowohl breite Wege, die gelegentlich von Geländewagen, Landmaschinen oder Baggern befahren werden, die Felder, Terrassen und Wege aus

älterer jung gebliebener Engländer, der mit seiner jungen Freundin in einem Haus in den Bergen lebte. Er war bekennender Nackter, und alle in der Gegend wussten, dass er und seine Freundin immer nackt im und am Haus waren. Sie haben nie ein Geheimnis daraus gemacht. Steve fuhr sogar nackt mit dem Motorrad durch die Berge. Eines Tages hat er die Kontrolle über sein Fahrzeug verloren und ist abgestürzt; er hat nicht überlebt. Wir haben damals seinen Küchenherd »geerbt«, der bei Freunden im Hof stand, und den wir inzwischen entsorgt haben, weil die Ratten die isolierende Glaswolle zu ihrem Heim gewählt hatten und nicht zu einem Auszug zu bewegen waren.

dem unwirtlichen Gelände herausarbeiten. Dann gibt es noch überall schmale Pfade, die von Ziegen, Ziegenhirten und Jägern frei gehalten werden, die teilweise durch ausgetrocknete oder auch von kleinen Bächen durchflossene Täler führen. Auf solchen Wegen ist die Wahrscheinlichkeit einer Begegnung so gut wie null. Auf den breiten Pisten kommen gelegentlich an Wochenenden Motocross- und Quadfahrer allein, zu zweit oder manchmal in ganzen Rudeln entgegen, und die jungen Männer schauen sich auch schon mal sehr verdutzt und interessiert um, wenn sie plötzlich an einer nackten jungen Frau vorbeifahren.

Aus Erzählungen von Freunden wissen wir von Steve, damals ein

66

6.
Aktiv an Andalusiens Küsten

Carboneras und der Parque Natural de Cabo de Gata

Unser Haus liegt etwa 10 Kilometer landeinwärts von *Carboneras*, einem Ort mit etwa 3000 Einwohnern. Dieser Küstenort war in den zurückliegenden Jahrzehnten negativ geprägt worden durch die ›Endesa‹, eine Zementfabrik am Westrand des Ortes und hat ihn andererseits vor einer allzu heftigen touristischen Entwicklung bewahrt, was nicht heißt, dass inzwischen nicht doch viele Neubauten errichtet wurden, die sich jedoch alle mehr oder weniger an einer klassi-

Carboneras vom Strand aus gesehen

schen einstöckigen Dorfarchitektur ausrichten. Der Ort grenzt unmittelbar an das Naturschutzgebiet *Parque Natural de Cabo de Gata*. Aus diesem Grund konnte die landschaftliche Schönheit dieser Gegend weitgehend bewahrt werden. *Juan Goytisolo* schrieb noch im Jahr 1960 wie folgt über dieses Stück Natur: *»Zwischen dem Cabo de Gata und Garrucha erstreckt sich über eine Entfernung von fast hundert Kilometern eine karge und wilde Küste, gepeitscht von Winterstürmen und versengt von der Sonne und der Hitze des Sommers, ebenso schrecklich schön wie unbekannt, mit Steilküsten, Felsen, Inseln und Schluchten. Der Sand schwindet mit Sanftheit zwischen den Fingern und das blaue Meer lädt ununterbrochen zu einem Bad ein.«*

Und im Prinzip ist es auch heute noch so, auch wenn die Wildheit inzwischen durch die Anlage einiger Pisten etwas zivilisierter geworden ist und die alten Verbindungswege der Einheimischen inzwischen zu offiziellen Wanderwegen ausgeschildert wurden. Die meisten dieser Wege sind wir inzwischen auch nackt gewandert. Während der Woche sind diese Wege kaum begangen, aber an Wochenenden kommt es doch zu einigen Begegnungen. Die Reaktion bei Begegnungen ist durchweg positiv. Ein freundliches *Hola* ist üblich. Allerdings muss dazu gesagt werden, dass an fast allen Buchten des *Cabo*

Strand von Agua Amarga

de Gata nackt baden üblich ist. Und die meisten Küstenwanderer benutzen den Wanderweg, um von ihrem Auto zu ihrer Lieblingsbucht zu gelangen und dort die Hüllen fallen zu lassen. Zudem handelt es sich fast durchweg um junge Leute, fast immer Pärchen, meist Spanier, aber auch Engländer, Franzosen, Holländer und Deutsche.

Carboneras ist ein idealer Ausgangspunkt für solche Wanderungen. Es gibt Zimmer in verschiedenen Hostales, Pensiónes oder Hoteles, wir selbst haben früher ganz gute Erfahrungen gemacht mit der Anmietung eines Appartements im *Galan* oder im *Sol y Playa*, beide direkt am Strand gelegen, aber es gibt auch schöne Appartements im nahe gelegenen *Agua Amarga*. Eine Liste mit Richtpreisen haben wir am Ende des Buches angefügt.

Ja, und dann kanns losgehen auf Schusters Rappen. Wir empfehlen allerdings statt der »Rappen« die Wandersschuhe von Teva. Sie sind ideal, der Fuß schwitzt nicht, man hat guten Halt, sie drücken auch nicht, wenn sie neu sind und der Fuß fühlt sich wie nackt. Barfußgehen ist in dieser Gegend nicht zu empfehlen, auch wenn wir schon einmal einen Barfußgänger dort gesehen haben. Ansonsten ist ja die Ausrüstung für Nacktwanderer naturgemäß minimal, aber trotzdem empfehlen wir neben einer Mütze

Der Parque Andaluz von Carboneras zwischen Markt und Strand

mit Schirm ausreichend Wasser mitzunehmen.

Kleidung braucht ihr auf allen unseren Wanderungen nicht; ihr könnt bei fast allen beschriebenen Touren nackt vom Auto aus losgehen. Wir fahren meistens schon nackt von unserem Häuschen aus los. Kontakte mit der Zivilisation gibt es auf den Wanderwegen nicht. Wir haben allerdings immer ein sog. Arafat- oder Palästinenser-Tuch dabei. Solche Tücher sind sehr leicht und nehmen kaum Platz ein im daypack, und sie können beim Autofahren und Baden als Unterlage dienen, als Sonnenschutz oder im Fall der Fälle auch mal als Bekleidung.

Nacktwanderin ganz nackt

Marktszene in Carboneras am Castillo de San Andres, immer am Donnerstag.

WANDERROUTEN IM NATURPARK CABO DE GATA

Im folgenden möchten wir einige Routen beschreiben, die wir schon gegangen sind und die wir empfehlen können. Allerdings müssen wir ausdrücklich davor warnen, sonnen- und wanderungeübt zu starten. Die Sonne kann manchmal sehr heftig sein, und wer einen schwachen Kreislauf hat, sollte zumindest anfangs die kurzen Strecken auswählen und sich mit schattenspendender Ausrüstung wie Bettlaken, Sonnenschirm oder Strandmuschel versehen, unter der er dann am Strand die heftigste Sonneneinstrahlung gelassen abwarten kann. Aber der Aufwand des Laufens auch der längeren Touren lohnt sich. An der Küste reiht sich eine Bucht an die andere, eine

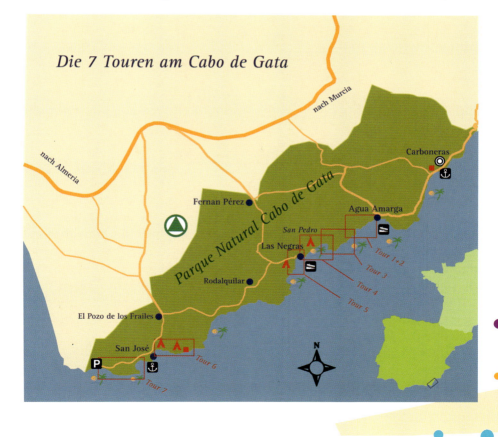

schöner als die andere.

Alle Wanderungen gehen entlang der Küste und können mit einem Badeaufenthalt an einem der aufgeführten Strände kombiniert werden. Bei den Wegen handelt es sich in der Regel um ausgetretene Pfade, die Untergründe sind steinig, manchmal felsig, und an steilen Stellen besteht Rutschgefahr, und manch einer hat sich schon auf den Hintern gesetzt; für Nacktwanderer besonders unangenehm, aber auch solche Ausrutscher haben wir gut überlebt. Angst vor Schlangen braucht ihr nicht zu haben, es gibt in Spanien keine Giftschlangen, und was sich da manchmal am Wegrand sonnt, verschwindet sofort ängstlich vor dem Gepolter mitteleuropäischer Wanderschritte. Auf unseren Wanderungen haben wir schon manchmal bis etwa einen halben Meter lange Warane gesehen, die allerdings sehr scheu sind, aber wenn man sich ihnen vorsichtig nähert, auch schon mal neugierig stehen bleiben.

Der Nationalpark *Cabo de Gata* ist einer von 22 Naturparks, den die andalusische Regionalregierung im Jahr 1989 unter Naturschutz gestellt hat. Die Ausschilderung der Wanderwege beschränkt sich in der Regel auf Hinweisschilder an markanten Stellen, z.B. an Zugängen, die von der Straße her möglich sind. Ansonsten muss man sich mehr auf sein Gefühl verlassen oder auf die manchmal von Wanderern hingestellten Steinmännchen - Stoamandl, wie man in Österreich die kleinen, als Wegweiser aufgeschichteten Steinsäulen bezeichnet. Unsere Routenvorschläge sind bis auf eine Ausnahme keine Rundwege, ihr müsst denselben Weg wieder zurück gehen. Die angegebene Gehzeit bezieht sich immer auf eine Strecke, für den Rückweg ist noch einmal dieselbe Zeit einzurechnen. Theoretisch sind manchmal Rundwege denkbar, sie führen dann aber meist durch Orte, und als Nacktwanderer sind wir ja da etwas eigen. Lediglich für Route 7 haben wir sozusagen in letzter Minute eine Rundtour ausgekundschaftet.

Ausgangspunkt der Beschreibung aller Wanderungen ist *Carboneras*. Wir beschreiben die Anfahrt mit dem PKW, öffentliche Verkehrsmittel gibt es nur begrenzt; wir weisen dann bei den entsprechenden Orten darauf hin.

Wir kennen die Routen seit vielen Jahren. Die meisten davon wurden erst vor wenigen Jahren als offizielle Wanderwege ausgeschildert. Das hat den Nachteil, dass inzwischen doch mehr Begegnungen auf den Wegen zu erwarten sind. Als Vorteil ist zu werten, dass die Wege jetzt mit Wanderzeichen versehen sind, denen man leicht folgen kann, wenn auch inzwischen einige mutwillig entfernt wurden und der gesunde Menschenverstand deshalb zwischendurch wieder eingeschaltet werden muss.

Wir sind die Touren alle noch einmal für euch im Oktober 2005 und im Februar 2006 gegangen und haben sie ausführlich fotografisch dokumentiert. Dass auf den Fotos deshalb naturgemäß nur wir beide zu sehen sind, mögt ihr uns verzeihen, wir hatten sonst keine Auswahl. Anderen Nacktwanderern sind wir bislang noch nicht begegnet, das kann sich aber ja noch ändern.

Wir haben bei allen Touren eine Gehzeit angegeben, die sich eher an einem gemütlichen Wandertempo orientiert. Da wir selbst immer viele Unterbrechungen wegen der Fotos hatten, sind wir nie durchgängig in flottem Tempo marschiert, außer im Februar, wenn uns die kühlen Winde getrieben haben.

Wir haben für den Schwierigkeitsgrad der Wege drei Stufen angegeben, ✔ ist einfach und ✔✔ mittelschwer. Die ✔✔✔ haben wir nur für die Tour 7 vergeben.

Dann haben wir noch den Begriff der Schamstufen eingeführt: Na, wenn viele Begegnungen sind, dann muss man sich doch bei ✔✔✔ schämen, oder?! Und wenn gar keiner kommt, dann steht da eine 0, die Tour ist für sich schämende Greenhorn-Nacktivisten zu empfehlen. Aber wenn dann doch einer kommt? Wir schließen jeden Rechtsanspruch wegen erlittener Verletzung des Schamgefühls durch indiskrete Blicke Dritter aus!

Vom Playa de Agua Amarga zur Cala de Enmedio

GEHZEIT: 40 MINUTEN

SCHWIERIGKEITSGRAD •
SCHAMSTUFE •

Diese relativ kurze Wanderung ist eine unserer beliebtesten, und wir können sie auch als Einstieg empfehlen. Der Ausgangspunkt ist relativ schnell zu erreichen; der Strand ist landschaftlich ungeheuer reizvoll, ein Sandstrand kombiniert mit einem flachen Steinstrand und bizarr ausgewaschenen Sandsteinformationen. Natürlichen Schatten gibt es hier bei Sonnenhochstand allerdings nicht, also ist ein mitgebrachter Schattenspender dringend zu empfehlen.

Wir verlassen *Carboneras* in südlicher Richtung, vorbei am Hafen, das Meer liegt immer links von uns. Nach fünf Kilometern erreichen wir oben auf dem Berg den Parkplatz *Los Muertos* mit einem kleinen Informationshäuschen und Info-Tafeln für Touristen. Von hier aus führen zwei schmale Pfade zu dem langen Sand- und Kiesstrand, sozusagen der nächstgelegene Hausstrand von *Carboneras*. Dessen südlicher Teil wird meistens von Nackten bevölkert. Wir sind hier schon oft nackt vom Parkplatz zum Strand gelaufen, auch wenn bei schönem Wetter die Wege häufig recht belebt sind.

Der Abstieg zum Strand dauert etwa eine Viertelstunde; besonders schön ist der Nacktbadestrand mit seinen bizarren Felsformationen, wo auch schon mal Nackte ihre Kletterkünste testen. Der Strand ist also als kleiner Abstecher oder als Badegelegenheit eine Empfehlung wert.

Wir folgen weiter der Küstenstraße und erreichen nach 9 Kilometern *Agua Amarga*. Bis 1960 war die damalige Fischersiedlung nur mit dem Schiff

erreichbar und hat sich inzwischen aber zu einem Ferienort für Spanier, insbesondere aus Madrid, entwickelt. Am Ortsende macht die Straße eine scharfe Rechtskurve, wir fahren aber geradeaus links am Eukalyptusbaum vorbei und folgen dem Schild: *Sendero* (Fußweg) *450 m*. Die schmale *Calle Deposito* führt bergaufwärts und geht am Schild *Sendero 200 m* in eine vom Regen ausgewaschene Piste über, bis der Weg an dem Wasserhäuschen endet. Dort können wir unseren Wagen stehen lassen und uns an der Infotafel orientieren.

Von hier aus kann man bei guter Kondition bis nach *San Pedro* laufen, das sind etwa zehn Kilometer, und bei flottem Marschtempo ist das in vier bis fünf Stunden zu schaffen. Wer aber wieder zurück muss, der hat dann kaum Zeit für einen geruhsamen Aufenthalt am Strand oder auf einem der sonnendurchglühten Felsen mit einer unvergesslichen Aussicht auf die bizarre Küstenlandschaft. Wir haben deshalb den

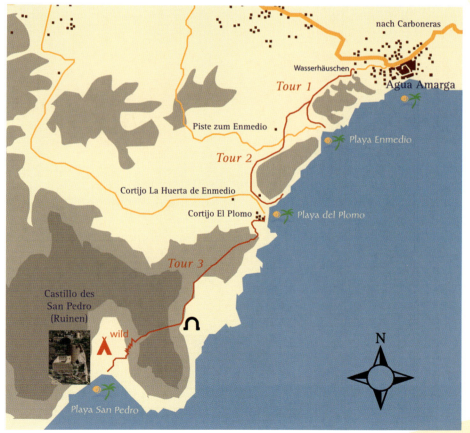

gesamten Weg in 3 Teile zerlegt, die man beliebig zusammenfassen oder auch erweitern kann. Überall bieten sich Seitenwege zur Erkundung an, die sich aber kaum beschreiben lassen, da sollte jeder eigene Initiative ergreifen und seine individuellen Wege erforschen.

Der Wanderweg vom Wasserhäuschen bei *Agua Amarga* führt dann den Berg hinauf, ist gut ausgetreten und kaum zu verfehlen. Wenn es nicht mehr höher geht, folgen wir dem Fußpfad Richtung Südwesten, rechts unten im Tal sehen wir die Straße, links von uns ein Hochplateau, dahinter liegt das Meer, das jetzt nicht zu sehen ist. Schließlich kommen wir nach etwa einer viertel Stunde an einen Geröllabhang; der Weg führt relativ steil hinab. Man kann das Meer von hier aus links unten schon sehen und folgt einfach seinem Gefühl oder anderen Leuten, die hier manchmal gehen. Von oben kann man sich ganz gut orientieren, wo es lang geht. Der *Enmedio* ist in der Nebensaison manchmal recht einsam, besonders während der Woche. Früher waren wir hier manchmal die Einzigen. An Wochenenden ist er in den letzten Jahren immer beliebter geworden, insbesondere wenn die Saisonmonate Juli/August nicht weit weg sind.

Auf dem Rückweg kurz vor Agua Amarga

Vom Playa de Agua Amarga zur Cala del Plomo

GEHZEIT: ETWA 1,5 STUNDEN

SCHWIERIGKEITSGRAD •
SCHAMSTUFE •

Die Wanderung zum Strand von *Plomo* ist eine Erweiterung der Tour 1. Man kann sie als eigene Tour von *Agua Amarga* aus machen oder direkt vom *Playa de Enmedio* den breiten Sandweg gehen, der vom Meer wegführt, bis ein schmaler Pfad diesen Weg kreuzt. Der Abzweig ist gekennzeichnet durch den schon vorgestellten angeschrägten Wanderpfahl (S. 74). Dieser Markierung folgen wir nach links Richtung *Plomo*.

An diesen selben Abzweig kommt

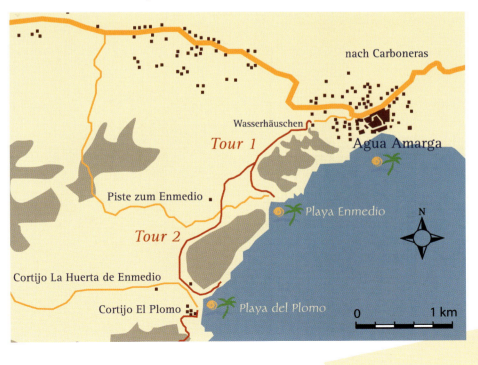

man auch, wenn man auf dem Weg zum *Enmedio* nicht ins Tal hinabgeht, sondern dem oberen Weg am Hang folgt.

Wir folgen diesem Pfad, bis wir auf eine auch von Autos befahrbare Piste gelangen. Gegenüber liegt sehr versteckt hinter Palmen der wunderschöne *Cortijo La Huerta de Enmedio*; da lohnt sich schon mal ein Blick in das kleine Paradies, das sich da die Besitzer geschaffen haben. Wer die Tour 3 noch macht, hat dann von oben einen weiten Blick über das Anwesen, das sich auch eine Unmenge Vögel zur Heimat erwählt haben.

Wir können auf dieser Piste bis zum Strand gehen, schöner ist es, wir halten uns mehr links und gehen durch das Brachland Richtung Meer. Die Häuser rechts gehören zum *Cortijo El Plomo*. Der Strand von *Plomo* ist bei weitem nicht so schön wie der *Enmedio*, aber man kann noch ein gutes Stück auf den Felsen an der Küste entlang turnen, je nach Kondition und Abenteuerlust. Auch kann man hier gut schnorcheln und tauchen, wie fast überall an dieser Küste.

Wer Lust hat, kann auch auf der Piste zum *Enmedio* Richtung landeinwärts laufen. Die Piste ist so schlecht, dass nur selten jemand seinem Geländewagen diese Strapaze zumutet.

oben: Abstieg zur Cala Enmedio, im Hintergrund eine Neubau-Hotelruine. Die Fertigstellung wurde durch die Naturschutzbehörde gestoppt.
unten: Der Strand El Plomo mit dem Cortijo El Plomo im Hintergrund
links: Am nördlichen Felsenstrand vom El Plomo

Von der Cala del Plomo zur Cala San Pedro

Gehzeit: etwa 2,5 Stunden

SchwierigkeitsGrad ❥❥
SchamStufe ❥

Die Tour 3 schließt unmittelbar an die Tour 2 an. Unsere Tour 3 ist vom Gelände her um einiges anspruchsvoller als die ersten beiden Touren, die Aussichten über den andalusischen Teil der *Costa Blanca* sind einzigartig und wir können nur immer wieder schwärmen von dieser Tour. Begegnungen sind hier selten, und wenn überhaupt ist hier meistens eine junge oder jung gebliebene Alternativszene unterwegs, die mit Nackten keine Probleme hat.

Die *Cala del Plomo* ist auch mit dem Wagen erreichbar. Wir fahren wie bei Tour 1 bis *Agua Amarga*,

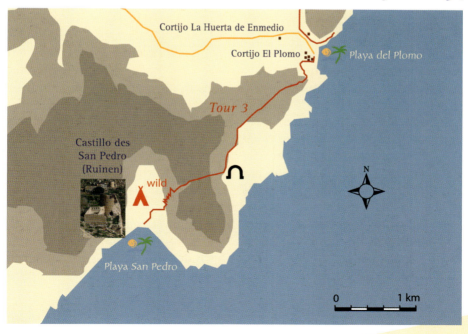

bleiben nach dem Ort auf der Teerstraße, bis wir nach knapp fünf Kilometern hinter *Agua Amarga* links auf die erste geteerte Straße Richtung *Fernan Perez* abbiegen. Rechts sieht man noch einen Cortijo mit einer restaurierten Windmühle ohne Flügel. Nach etwa 800 Metern biegen wir links auf eine Piste. Der Abzweig ist gekennzeichnet durch einen Wegweiser: *Cala del Plomo 7 km*. Wir folgen immer den Schlaglöchern, bis wir nach viel Kurverei schließlich am *Cortijo El Plomo* landen, den wir ja schon von Tour 2 kennen. Links hinter den Mülltonnen ist ein Parkplatz für Strandbesucher ausgeschildert, hier können wir den Wagen stehen lassen.

Der Wanderweg geht links an dem Cortijo vorbei und ist durch ein grünes handgemaltes Schild *San Pedro* gekennzeichnet. Er umrundet das Anwesen in einer Rechtskurve und führt dann nach links relativ steil hinauf auf ein Hochplateau. Dort verlassen wir den Küstenhang und folgen den Stoamandls, der Pfad ist gut zu erkennen. Nach dem Plateau geht es wieder relativ nahe an der Steilküste hinauf auf ein zweites, etwas höher gelegenes Plateau; jetzt gehen wir wieder ganz nahe am Abgrund und genießen den weiten Blick über das blaue Meer. Dann heißt es aufpassen auf die Stoamandl, irgendwann geht es nämlich nach rechts ab. Wenn ihr das Gefühl habt, ihr hüpft nur noch über Ginsterbüsche, dann geht lieber ein Stück zurück, denn der Weg ist eigentlich recht gut zu erkennen. Er schlängelt sich nun langsam bergab und *San Pedro* rückt allmählich ins Blickfeld, eine malerische Bucht mit fast weißem Sandstrand und tiefblauem, manchmal smaragdgrünem Wasser.

Die Bucht von San Pedro ist zwischenzeitlich relativ stark besucht, eine Alternativszene von Ökofreaks bis Aussteigern beherrscht hier das Bild, der Strand ist manchmal völlig okkupiert von Palmdachkonstruktionen oder kleinen Hütten aus Naturmaterialien oder alten Militärplanen, es gibt sogar ein Restaurant mit Terrasse und zum Strand schlängelt man sich durch kleine Privatgärten, die Freaks um ihre besetzten Ruinen angelegt haben, die sie mit viel Phantasie und Liebe zu einem fast wieder bürgerlichen Heim hergerichtet haben. Hier kann man nackt gehen oder sich die Unterhose um den Kopf binden, es wird sich keiner daran stören.

Wer am Wochenende hier ankommt, kann leicht einen Kulturschock bekommen ob des Lärms nach der stundenlangen Einsamkeit

rechts: Pause unter einer Zwergpalme mit dem einzigartigen Blick über die Costa de Almeria
S. 94/95: Die Rellana de San Pedro mit Blick auf die Sierra del Cabo de Gata

»Hüte dich vor dem Hinterteil eines Esels, vor dem Vorderteil eines Weibes -
und vor allen Teilen eines Pfaffen!«
– Zwei Esel mit abstehenden Ohren in der Cala San Pedro

der Berge, und wir verlassen dann meistens relativ schnell wieder diesen durchaus nicht unattraktiven Ort. Übrigens gibt es weiter oben am Berg oberhalb des Turms auch eine Wasserquelle. Wer also seine Wasserflasche inzwischen leer hat, kann hier auftanken.

Alternative Wohnkultur am Strand von San Pedro
S. 99: Teepause mit Blick in die Cala San Pedro
S. 98: Ankunft in San Pedro

Vom Playa Las Negras zur Cala San Pedro

GEHZEIT: ETWA 1,5 STUNDEN

SCHWIERIGKEITSGRAD •
SCHAMSTUFE ••

Zur *Cala San Pedro* kann man auch etwas leichter gelangen, wenn man als Ausgangsort *Las Negras* wählt. In diesem Fall kann man sogar sein Zelt in *San Pedro* aufstellen und sich in *Las Negras* mit den nötigen Lebensmitteln versorgen. Dieser Ausgangsort ist auch nicht motorisierten Urlaubern zu empfehlen, wenn man keine Ansprüche an Komfort stellt, sondern nur höchste Ansprüche an die Schönheit der Natur. Es gibt täglich um 17 Uhr eine Busverbindung vom Busbahnhof in *Almeria* nach *Las Negras*, die Rückfahrt in umgekehrter Richtung ist

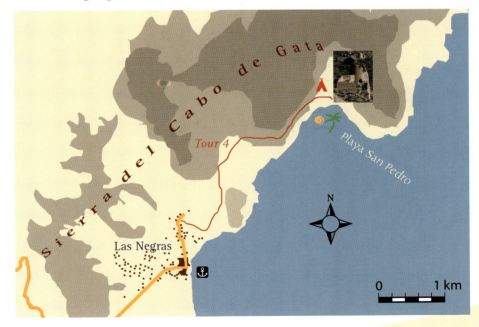

um 7.30 Uhr.

Von *Las Negras* zum *Playa San Pedro* konnte man sich bis 2005 sogar für 4 Euro mit einem Boot bringen lassen; Antonio aus *Las Negras*, der auch als Polizist in *Almeria* tätig ist, und einige Fischer hatten sich eine lukrative Einnahmequelle geschaffen. In der Hochsaison im August fuhren sie bis zu 20 mal die Strecke; wir haben letztes Jahr noch gesehen, wie etwa 15 bis 20 Personen an Land gebracht wurden, beladen mit Kühltaschen und Strandutensilien, Leute, die einfach nicht zu der etwas freakigen Atmosphäre der Bucht gepasst haben. Naja, inzwischen ist die schwarze Goldquelle versiegt: die Guardia Civil hat die Boote aufgrund einer Anzeige beschlagnahmt, weil die Touren am Fiskus vorbeigefahren wurden. Ob es neidische Nachbarn waren oder San Pedroianer, die die Nase voll hatten von Neckermännern und Kühltaschen- und Liegestuhltouristen, konnten wir nicht klären.

Wir fahren über *Agua Amarga* wie unter Tour 3 beschrieben, biegen bei km 13 links ab auf die schmale Teerstraße nach *Fernan Perez*; laut Wegweiser sind es noch 10 km bis dorthin. Die Straße ist erst seit etwa 2 Jahren geteert und in den meisten Karten noch als Piste verzeichnet. Es geht durch eine flache, savannenartige Landschaft mit kargem Buschwerk, Klein-Afrika, wie es Freunde von uns genannt haben. Links von uns die *Sierra de Cabo de Gata*, führt unsere von Agavenstämmen gesäumte Straße vorbei an einem Kalksteinbruch, einigen Ruinen und schließlich einigen Plastikgewächshäusern bis nach *Fernan Perez* (24 km), wo wir auf die Straße *Las Negras – Nijar* stoßen. Dort biegen wir links ab – Wegweiser gibt es keine – Richtung *Las Negras*.

Auf der linken Seite der Straße führen übrigens immer wieder Pisten in Richtung Berge. Wir haben vor vielen Jahren einmal diese Gegend erkundet. Wer also auf eigene Faust etwas entdecken will, dort gibt es noch viele Möglichkeiten, bestimmt auch für Nacktwanderer.

Bei km 28 macht die Straße eine starke Linkskurve; eine schmale Teerstraße führt geradeaus. Dort kann, wer Lust hat, mal auf einer Teerstraße nackt wandern. Es ist die alte Verbindung nach Las Negras, die kurz vor *Las Hortichuelas* wieder auf die Hauptstraße mündet, die so gut wie überhaupt nicht mehr benutzt wird und auf der wir früher mal das Foto auf S. 104 oben gemacht haben.

Nach etwa 33 km erreichen wir das Ortsschild *Las Negras* und nach weiteren 500 Metern taucht das Meer auf. Wir biegen vor der Palme nach links und folgen dem grünen Wegweiser *Playa de San Pedro* auf

oben: Die Sierra de la Higuera oder »Kleinafrika« an der Stecke von Agua Amarga nach Fernan Perez
links oben: Auf der ehemaligen Verbindungsstraße von Fernan Perez nach Las Negras
links unten: Blick auf Las Negras

oben: Abstieg zur Cala de San Pedro, im Hintergrund das Castillo von San Pedro. Es war ursprünglich lediglich ein mit Kanonen bestückter Turm, der als Gefängnis benutzt wurde. Er wurde erst in der Neuzeit als Festungsanlage zur Verteidigung der Küste ausgebaut.
S. 108/109: Die Quelle von San Pedro
S. 107: Skulptur, die Künstler an der Quelle hinterlassen haben.

der *Calle las Agüillas*. Die Teerstraße macht dann eine scharfe Rechtskurve, wir fahren durch ein ausgetrocknetes Bachbett und parken dann rechts, etwas oberhalb ist die Wandertafel nicht zu übersehen.

Die erste Hälfte des Fußwegs ist weniger romantisch als bei Tour 3, man wird jedoch auf der zweiten Hälfte reichlich belohnt durch weite Blicke auf Meer und Küste. Insbesondere in der herbstlichen Abendsonne kann man hier wirklich meinen, die Landschaft sei in Gold getaucht.

Wer sich traut, kann von hier aus gleich nackt loslaufen oder sich erst weiter oben der Kleidung entledigen. Wir haben die Tour für euch Anfang Februar 2006 fotografisch dokumentiert und uns erst weiter oben nackt ausgezogen, wo die Berge etwas vor dem doch recht frischen Wind schützen. Am Morgen zeigte unser Thermometer noch Null Grad, mittags waren es dann etwa 12 oder 13 Grad, aber die Sonne hat schon genug Kraft. Die Piste führt nach einer Linkskurve parallel zum Meer. Deutlich ist zu sehen, dass hier eine Straße nach *San Pedro* geplant war, für den Weg wurden mächtige Kerben in die Berge gesprengt. Die Naturschutzbehörden haben dem aber einen Riegel vorgeschoben und die Piste endet dann im nächsten Tal und geht in einen schmalen Fußweg über.

An dieser Stelle sind wir vor

vielen Jahren zum ersten Mal einer jungen »Nacktwanderin« begegnet, begleitet von zwei jungen Männern, allerdings beide in langen Hosen und T-Shirt.

Im Sommer dürften dieser Weg und die Tour 5 die am stärksten begangenen unserer sieben Touren sein, Begegnungen sind dann doch recht häufig; wir waren aber diesmal der Meinung, dass um diese Jahreszeit, d.h. im Februar kaum jemand unterwegs sein würde. Weit gefehlt. Hinter uns taucht ein Paar auf, das uns offenbar verwundert beobachtet, wer denn um diese Jahreszeit splitternackt durch die Gegend turnt. Wir packen unser Stativ aus und machen ein paar Aufnahmen mit Selbstauslöser. Ein Ehepaar kommt uns entgegen, er grüßt freundlich-neutral, sie lächelt verschmitzt. Wir begegnen bestimmt noch 10 oder 12 Leuten, meistens Paaren oder

Die reichlich sprudelnde Quelle von San Pedro hat eine üppige Vegetation entstehen lassen, in deren Schatten sich heute die Aussteiger von San Pedro ein neues Zuhause geschaffen haben, das von vielen sogar im Winter bewohnt wird.
S. 112/113: Blick über die Sierra del Cabo de Gata mit Las Negras im Vordergrund

Männern, den Frauen ist es um diese Jahreszeit wohl doch etwas zu frisch. Im Sommer ist das Verhältnis der Geschlechter eher ausgeglichen.

Dann kommt die herrliche Bucht von *San Pedro* in Sicht, mit ihrem unverkennbaren Wahrzeichen, der Burg. Die Bucht war über Jahrhunderte der Wohnsitz vieler Familien, die hauptsächlich Fischfang, Ziegen- und Schafzucht betrieben und auf den fruchtbaren Hängen ihre Gärten bewirtschafteten, die durch die reichlich sprudelnde Quelle bewässert werden konnten. Inzwischen haben die Familien die Bucht verlassen und sich hauptsächlich in *Las Negras* angesiedelt, um an den Segnungen der Zivilisation teilhaben zu können. Heute wohnen dort Zivilisationsflüchtige aus aller Welt in Zelten, kleinen Palmhütten und den Ruinen und haben wieder kleine Gärten angelegt. Künstler haben ihre Skulpturen als Erbe der Menschheit der Bucht als Dankeschön für die vielen schönen Stunden hinterlassen, die sie hier verbringen durften. Es ist ein Paradies, das Gottseidank wohl noch viele Jahre so erhalten bleiben wird, wenn auch der Zulauf in den letzten Jahren stark zugenommen hat. Ein Schweizer hat den Fischern, die dort noch Land und ein paar Ruinen besaßen, diese abgekauft, in der Hoffnung, das Paradies lukrativ vermarkten zu können. Eine Surfschule hatte er geplant, aber der Ziegelbau wurde gestoppt und dient jetzt als Bauruine und mit Solarzellen bestückt den Besetzern als willkommene Notunterkunft, denn offiziell wohnen darf hier niemand.

Auch Sandra lebt hier mit der Aussicht, eines Tages von hier vertrieben zu werden, wenn es den Behörden allzu bunt wird. Bis jetzt drückt man noch ein Auge zu und Sandra wohnt schon vier Jahre in ihrer »roten Höhle«. Sie kennt hier jeder, auch wenn sie nicht von allen gleich geschätzt wird. Sie war mit ihrem roten Hippierock und buntem Schal in *Las Negras* einkaufen. Zu kalt ist es ihr auch im Winter nicht, sie hat einen Gasherd hier und ist im Übrigen sehr genügsam. Sie ist in Österreich als Sennerin in den Bergen aufgewachsen, da gab es auch keinen Komfort; sie hat schon immer nah an der Natur gewohnt und lebt jetzt in der Sonne und am Meer nur von ihrer Mindestrente. Vielleicht wird sie auch bald Nacktwanderin und spart sich den Hippierock?

Die ersten Wolken verdecken die Sonne, der Wind, der sich vorübergehend gänzlich gelegt hatte, bläst uns auf dem Rückweg allzu frisch entgegen, wir ziehen es vor, uns wieder in unsere Stoffhülle zurückzugeben und freuen uns schon auf unser warmes Holzfeuer im Kaminofen.

Vom Playa Las Negras zum Playazo de Rodalquilar

Gehzeit: 60 Minuten
Schwierigkeitsgrad •
Schamstufe •••

Streckenerweiterung:
Gehzeit: Etwa 2,5 Stunden
Schwierigkeitsgrad ••
Schamstufe 0

Diese Tour ist ein offiziell ausgeschilderter, leicht zu begehender Weg meist direkt an der Küste entlang und eher ziemlich belebt, selbst in der Nebensaison, da der Campingplatz *La Caleta* von *Las Negras* ganzjährig geöffnet ist und der Strand *El Playazo* auch von den Gästen des Campingplatzes gern aufgesucht wird. Wir sind

selbst auf unserer letzten Begehung im Februar 2006 dort einigen Paaren begegnet. Damit die Tour etwas anspruchsvoller und interessanter wird, schlagen wir eine Streckenerweiterung vor, die den wenigsten bekannt und nicht ausgeschildert ist, teilweise stark bergauf und bergab führt. Begegnungen hatten wir dort keine. Mit etwas Ausdauer kommt man bis zum *Cerro de Los Lobos* mit den Antennenmasten der Telecommunication.

Zur Anfahrt vergleiche die Tour

links: Blick von dem Hochplateau La Joya auf das Castillo de San Ramón, das unter der Regierung Carlos III zur Küstenverteidigung gegen die Aggression berberischer Piraten gebaut wurde.
unten: Blick in den Rambla El Playazo und auf die Sierra del Cabo de Gata.

4. Bei der Ankunft in *Las Negras* fahren wir die erste asphaltierte Straße nach rechts. Zwei große Schilder mit *Camping La Caleta* und *Restaurant La Caleta* weisen zum etwa zwei Kilometer entfernten Campingplatz. Wir fahren bis zum Eingang des Platzes und folgen dort links dem Schild *Playa*, der den Weg zum Strand durch den Rambla, das ausgetrocknete Bachbett, weist. Dort können wir den Wagen abstellen.

Der Wanderweg beginnt genau neben der großen Übersichtskarte, führt in einem großen Rechtsbogen nach oben, man muss sich nur an den schon bekannten Wegweiserpfählen orientieren. Der Wanderweg führt über Sandstein, der aus fossilen Dünen entstanden ist und an dessen Küstenseite sich viele Höhlen gebildet haben, die Tabakschmugglern als Versteck dienten.

Nach etwa 30 Minuten sieht man schon von weitem das *Castillo de San Ramón*. Es lag jahrzehntelang in einem Dornröschenschlaf direkt am Meer und konnte bis vor Kurzem auch begangen werden. Jetzt ist das Gelände jedoch eingezäunt worden und Schilder erklären es zum Privatbesitz.

Nach einer knappen Stunde sind wir am *Playazo*, der meist von Campmobilern genutzt wird. Das

Auf dem Cierro de Romeral. Blick in den Rambla El Playazo mit den Häusern von Rodalquilar links im Hintergrund.

Hinterland bildet ein traumhaftes Panorama mit maurischen Türmen, Palmen und den Bergen der *Sierra del Cabo de Gata*.

Der Strand ist auch von der Straße zugänglich, die *Las Negras* mit *Rodalquilar* verbindet. Wer also den ersten Streckenabschnitt auslassen will, der kann hier in den wilden zweiten Abschnitt einsteigen. An der Übersichtstafel am Strand biegen wir nach links ab, der Lattenzaun und der Strand liegen links von uns. Wir folgen dem Zaun, bis der Weg eine Linksbiegung macht und dann nach ein paar Metern an der großen Zwergpalme wieder nach rechts in die Berge führt. Statt vieler Worte lassen wir hier einfach das Foto unten sprechen. Wir folgen der angegebenen Linie bis zur Senke zwischen dem *Cerrico Romero* und dem *Cerro El Romeral*. Kurz darauf sehen wir unten an der Küste schon den kleinen Strand der *Cala del Bergantín*, zu dem schmale Pfade der Ziegenhirten einladen sanft, mitunter auch etwas steiler hinunterleiten. Unser Hauptpfad verläuft jedoch weiter oben am Hang, lässt

Blick auf den Cerro El Romeral (rechts) und den Cerrico Romero (links). Der Pfad zur Erweiterungstour 5 a führt von der Rambla El Playazo hinauf in die Senke zwischen den beiden Bergen. Orientieren könnt ihr euch an der Felsengruppe, die wir nochmal in Vergrößerung eingefügt haben.

die *Cala del Bergantín* links liegen und ist deutlich mit Steinmännchen markiert. Nach etwa einer Stunde treffen wir auf eine Teerstraße, die von Rodalquilar aus hinauf zu den Antennen der Telecommunication führt. Hier kann wer Lust hat relativ unbekümmert hinauf zum Torre de los Lobos laufen, die Straße ist weiter unten durch ein Tor versperrt und wird nur von Dienstfahrzeugen der Telecommunication genutzt. Wer den Rundweg laufen will, dem empfehlen wir, sich beim Abstieg auf der Teerstraße rechts zu halten und wieder auf den mit Steinmännchen gekennzeichneten Fußweg überzuwechseln, der den Cerro el Romeral in einer Rechtskurve umrundet. Der felsige Pfad stößt nach kurzer Zeit auf die Ruinen zweier Cortijos. Von hier oben hat man einen weiten Blick in den Rambla des Playazo. Hinter den Ruinen beginnt der Abstieg hinunter zur Ebene vor Rodalquilar, der Weg führt über fast treppenartige Sandsteinformationen zunächst nordwestlich in Richtung des einsam gelegenen Cortijo Segura, wir biegen jedoch vor dem

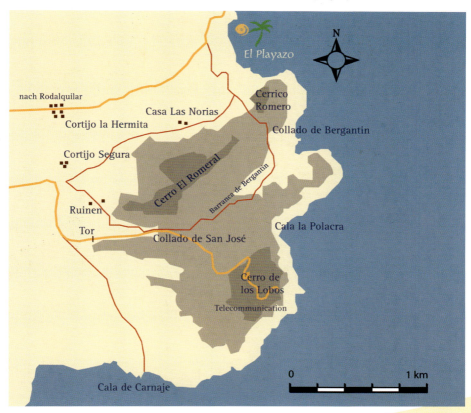

Anwesen rechts ab und folgen den schmalen und manchmal schwer erkennbaren Pfaden in Richtung Strand. Diese stoßen schließlich auf die Ruinen der früher einmal hochherrschaftlichen Casa Las Norias (Foto unten), ein breiter Weg führt dann durch einen Olivenhain vorbei an Palmen und bizarren Felsformationen (Foto rechts) zurück zum Playa Playazo.

Vom Castillo San Felipe zur Cala Higuera

GEHZEIT: 2,5 STUNDEN

SCHWIERIGKEITSGRAD •
SCHAMSTUFE • •

Der Weg ist sehr leicht begehbar, es handelt sich fast durchweg um eine Piste, die von Geländewagen einen erheblichen Teil der Strecke befahrbar ist, lediglich das letzte Drittel des Weges wird dann etwas schmaler. Er wurde als Verbindungsweg zwischen *Los*

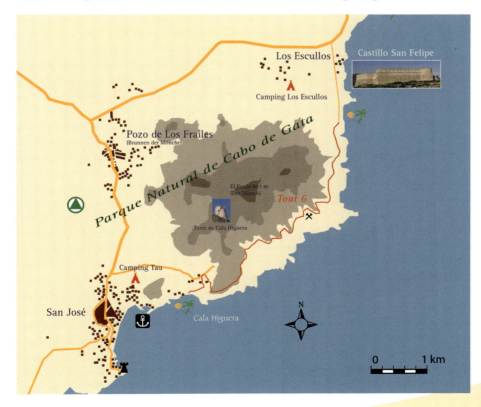

Escullos und *San José* konzipiert und der weitere Ausbau im Rahmen der Eingliederung dieses Gebietes in den Nationalpark dann gestoppt. Die Strecke wird sehr wenig begangen, allerdings sind wir bei unserer letzten Tour im Februar 2006 hier einigen jungen Marokkanern begegnet, die offensichtlich nicht nur wegen unserer Nacktheit stark irritiert schienen. Hier an der Küste landen häufig illegale Einwanderer aus Marokko, trotz Küstenpatrouillen durch die Guardia Civil.

Wir fahren Richtung *Rodalquilar* vorbei an *La Isleta del Moro*, biegen kurz darauf links ab Richtung *Los Escullos*. Das *Castillo de San Felipe* ist unübersehbar und der Ausgangs-

oben: Der Strand der Cala de Embarcadero hinter dem Castillo San Felipe

unten: Auf der Piste nach San José, im Hintergrund die Häuser von La Isleta de Moro

rechts oben: Meditation ins Blaue

rechts unten: Mittagspause vor dem Cierro de los Frailes, dem Mönchsgipfel

S. 126: Am Mirador de Amatista

haben und auch nicht nötig hatten, der Wind war uns erfrischend genug. Die Piste windet sich immer nahe der Küste entlang langsam auf eine Höhe von ca. 100 Metern. Die Landschaft ist beeindruckend, die Berge von einer imposanten Vielfalt und abwechslungsreich. Natur pur also, bis auf einen Steinbruch, Abbau von Bentonit, ein Mineral zur Abdichtung von Wasserreservoirs und Brunnen, und die bereits erwähnte Ruine, ehemalige Kaserne der Guardia Civil. Auf der gesamten Strecke führen immer wieder rechts und links schmale Pfade ab, die bei genügend Zeit und Kondition sicher noch viele kleine und interessante Abstecher erlauben.

punkt unserer Tour. Das Castillo war früher ein Teil der Küstenschutzanlagen und wurde erst kürzlich renoviert. Die geteerte Straße endet nach etwa 1,5 Kilometern und geht dann in eine Piste über, die gemäß Ausschilderung offiziell nicht befahren werden darf, woran sich aber offensichtlich niemand hält. Am Strand *Cala de Embarcadero* haben wir jedenfalls immer mehrere Camper und PKWs gesichtet, etwa auf der Mitte der Strecke kam uns sogar ein Marokkaner im Geländewagen entgegen.

Am Strand *Cala de Embarcadero* kann man schon mal ein erfrischendes Bad nehmen, auf das wir im Februar wohlweislich verzichtet

Wir sind nach etwa 1-1,5 Stunden Fußmarsch auf der Höhe des *Torre de Cala Higuera* angelangt, wo der Weg schmaler wird und von Fahrzeugen nicht mehr befahrbar ist. Nach ein paar Minuten sehen wir die Häuser von San José malerisch im Tal liegen, ein junges Wanderpärchen versucht gerade einen abenteuerlichen Pfad hangabwärts zu einer Bucht zu erkunden, aber sie zieht dann doch den breiten Weg vor, während er schon weit unten am Berg über die Felsen klettert. Dann stehen wir am *Punta Cala Higuera* und blicken hinunter zum *Playa La Higuera* hinüber zum *Cerro de Enmedio*, dem Hausberg von *San José*, unten fangen schon die ersten Häuser des Ortes an.

Da uns aus den erwähnten Gründen die Badebucht nicht besonders anziehend erscheint, verweilen wir noch einige Minuten an diesem schönen Ende der Welt und philosophieren darüber, warum andere

S. 132 links oben: Eine junge Wandersfrau schaut angestrengt immer in die andere Richtung

S. 132 rechts oben: Die Costa de Almeria mit den Häuser von San José im Hintergrund

S. 132 unten: Blick auf San José am Fuße des Cerro de Ave María vor der Sierra de Cabo de Gata

unten: Blick von der Punta Cala Higuera hinab auf den kleinen Playa Cala Higuera und die ersten Häusern von San José

Leute mit Kleidung wandern, uns erscheint das zwischenzeitlich fast abartig, und wir erinnern uns an eine Begegnung beim nackt joggen im Berliner Grunewald, als ein Mann in mittleren Jahren ganz spontan ausrief: das muss ja herrlich sein! Die meisten Menschen können sich nur vorstellen, wie schön es ist, nackt durch diese Welt zu wandern, viele nicht einmal das.

Wie immer kommt uns dann der Rückweg viel kürzer vor als der Hinweg, die Nachmittagssonne wärmt uns nochmals kräftig den Rücken und Po. Kurz vor dem Playa werfen wir uns wieder in die Klamotten, es ist zwischenzeitlich doch erheblich kühler geworden, und wenn wir jetzt splitternackt an den Touris in Pullover und Jacke vorbeimarschieren, dann rufen sie vielleicht noch die Guardia Civil?!

Auf dem Rückweg kommen wir wieder an dem Aussichtspunkt Mirador de Amatista vorbei und wir müssen dort unbedingt noch ein paar Fotos machen. Das Ergebnis seht ihr hier.

Auf den Spuren von Lawrence von Arabien

Vom Playa El Monsul zum Playa de los Genoveses

GEHZEIT: 3 STUNDEN

SCHWIERIGKEITSGRAD •••
SCHAMSTUFE •

Die Tour 7 ist vom Gelände her gesehen, aber auch von der Schönheit der Landschaft die anspruchsvollste Tour. Es geht immer wieder steil bergauf und bergab, manchmal kann man bei Ebbe noch gut direkt am Strand vorwärts kommen, bei Flut muss man unter Umständen etwas kraxeln oder durch das Wasser waten. Man pas-

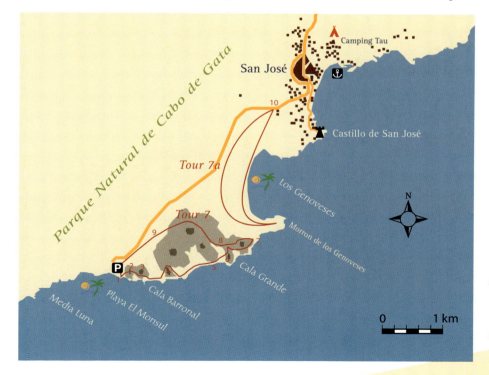

siert auf dem Weg zum *Genoveses* weitere vier Strände, *Cala Barronal, Cala Chica, Cala Príncipe* und *Cala de los Amarillos*, einer einsamer und schöner als der andere. Eine genaue Beschreibung des Wanderweges lässt sich schwer geben, wir werden daher anhand von Fotos die Tour etwas plastischer vor Augen stellen.

Wir sind der Meinung, dass die Tour für jeden Wanderer machbar ist. Allerdings sind wir im Oktober 2005 auch einem jungen Paar begegnet, das zögernd am Hang oberhalb vom *Genoveses* stand und sich nicht auf den schmalen Pfad traute, obwohl beide im Gegensatz zu uns durch Hose und Shirt geschützt waren. Trotz unserer mutmachenden

unten: Die Düne des Monsul Pos. 2
oben und rechts: free-climbing an den Felsen des Playa de Monsul
S. 140/141: Der Playa Barronal

Erläuterungen zum Streckenverlauf sind sie dann doch lieber umgekehrt. Wer also etwas ängstlich ist, sollte lieber unsere anderen Routen wählen, die sehr viel einfacher zu begehen sind. Ansonsten gilt wie immer: lieber keine Experimente, auf Geröll rutscht es sich leicht, und wir Nacktwanderer sind ja doch sehr fragile Wesen!

Wir fahren wie immer über *Agua Amarga* und *Fernan Perez* und gelangen nach 49 km nach *San José*. Nach weiteren ca. 500 m macht die Hauptstraße eine leichte Linkskurve, auf der rechten Seite sind 8 Schilder angebracht, das sechste von oben, daher leicht zu übersehen, zeigt nach rechts zum *Playa de los Genoveses* und zum *Playa Monsul*, dann sofort wieder rechts abbiegen. Wir werden durch den Ort hindurch geführt bis zur Schranke, wo die Straße in eine Piste übergeht. Nach ein paar hundert Metern links die Übersichtskarte mit Mühle und Beginn eines Wanderwegs zum *Genoveses*. Diese Tour haben wir auf unserer Karte als Tour 7 a bezeichnet, mehr ein Vorschlag für einen ausgedehnten Strandspaziergang als für eine Wanderung.

Wir folgen dem Schild zum *Monsul* und sehen nach etwa 3 Kilometern links die größte europäische Düne auftauchen, die in vielen berühmten Filmen als Kulisse gedient hat, so zum Beispiel für *Indiana Jones, Last Crusade* und *Lawrence von Arabien*. Hier ist *Peter O'Toole* bzw. sein Double in verschiedenen Szenen auf dem Pferd die Düne hoch geritten. Der Hauptteil des Filmes wurde in *Carboneras* gedreht; die Häuser des Städtchens wurden mit Minaretten und Kuppeln aus Pappmaché aufgepeppt und das *Hotel El Dorado* eigens in arabischem Flair erbaut, das man noch heute bewundern kann.

Endstation ist schließlich bei km 54 der große Parkplatz am *Monsul*.

Erst mal ist ein Rundgang am *Playa Monsul* Pflicht, mit den eindrucksvollen Felsformationen und dem kristallklaren Wasser (Fotos S. 138, 139, 147 unten). Dann beginnen wir unsere Wanderung und ersteigen vom Strand aus die Düne an der Grenze zwischen Sand und Geröll. Auf der Höhe der Düne erkennen wir leicht den Pfad, der auf der Küstenseite um den nächsten kleinen Berg herumführt und uns zur Strandmitte des *Barronal* hinableitet. Am Ende des Strandes steigen wir die Sanddüne hinauf in Richtung auf den steil aufragenden Berg vor uns. Wir halten uns zur linken

links: Auf der Düne des Punta del Monsul Position 2
oben: Abstieg zur letzten Bucht vor dem Playa de los Genoveses zwischen Position 6 und 7
unten: Am »Felsen der Umkehr« (Pos. 7)

oben: Hier können wir auf unserem Rückweg von der Position 8 auf unserer Übersichtskarte nochmals einen Blick in die Cala Grande werfen, durch die wir auf unserem Herweg gelaufen sind. Rechts geht es Richtung Barronal, links zum Genoveses.

unten: Felsensteilküste bei Position 5

Seite dieser Felsformation, der Weg rechts entlang ist wegen Erdrutsch nicht oder kaum mehr begehbar. Auf der Höhe sollten wir uns eine kleine Pause gönnen und den herrlichen Blick zurück und auch hinab zu der vor uns liegenden Küste gönnen. Der Abstieg ist von hier aus gut zu erkennen. Es sieht gefährlicher aus, als es ist. Der Pfad führt über fast treppenartigen Felsuntergrund und gefährliche Geröllabschnitte sind leicht zu umgehen.

Dann kommt ein relativ langer und gemütlicher Abschnitt des Wanderwegs an den Sandstränden *Cala Chica, Cala Príncipe* und *Cala Los Amarillos* entlang, die gleichsam ineinander übergehen. Der Weg ist erst sehr breit, verengt sich dann aber allmählich auf einen wenige Meter schmalen Teil. Bei Flut kann es sein, dass manche Stellen nur mit nassen Füßen zu passieren sind.

Am Schluss kommen wir zum *Playa Grande*, der uns an seinem Geröllabhang den Weiterweg versperrt. Wir halten uns links und folgen am Ende dieses Abhangs rechts dem unübersehbaren Pfad, der steil nach oben führt. Oben müssen wir uns links halten (rechts Sackgasse) und folgen dann immer dem Küstenverlauf. Der Weg führt uns wieder hinab und dann an einem verhältnismäßig steil abfallenden

Auf dem Rückweg: Blick zurück auf den Playa de Genoveses

146

Kammweg, der dann steil hinab auf die Agavenebene führt. Der Pfad wird allmählich schmaler und verliert sich dann mehr oder weniger in vielen kleinen Dünenwegen, die jedoch alle zurück zum Monsul führen. Man kann auch jederzeit auf der rechts von uns liegenden Straße zurückkehren. Wir selbst haben den abenteuerlicheren, wenn auch manchmal etwas stacheligen Weg durch die dünenartige Agavenwildnis vorgezogen.

Hang wieder bergauf. Wir sind fast am Ende unserer Tour 7 angekommen, von oben erblicken wir den sanft geschwungenen *Genoveses* und können uns dort von den Anstrengungen der Tour erholen und uns ein willkommenes Bad gönnen.

Den Rückweg können wir uns gleich hier oben einprägen. Er führt uns links parallel zum Küstenverlauf hinter dem Berg zurück. Er ist gar nicht zu verfehlen, führt erst hinunter, dann wieder bergauf, wir können uns noch einmal einen Blick auf die *Cala Grande* erlauben und uns einen Überblick verschaffen über unseren Herweg. (Vergleiche Foto auf S. 144 oben) Wir bleiben noch eine gute Weile auf dem

links: An der Felsensteilküste der Position 5 der Karte
oben: Nacktwanderer in der Dünen-Sandwüste des Punta del Monsul (Pos. 2)
unten: Felsenstrand am Punta de Monsul

7.
Mach mit, zeig Mensch

Wir haben in diesem Buch eine neue Art der Freizeitbeschäftigung vorgestellt: Nackt in der Natur arbeiten und nackt wandern. Das ist außergewöhnlich, zumindest für die meisten. Dieser Zustand des Nacktseins bietet jedoch nach unserer eigenen Erfahrung eine Chance, nicht nur eine neue körperliche Lebensqualität für sich zu entdecken. Jedem dafür empfänglichen Menschen kann sich darüber hinaus ein geistiger Aspekt erschließen, der unabsehbare Potenziale für eine Weiter-*ent-wicklung* in sich trägt. Wer sich selbst überwindet, wird unbezwingbar, wer weiß, dass er genug hat, ist reich, sagt Lao-Tse. Für einen solchen Versuch ist die von uns gewählte Gegend geradezu ideal: Eine überwältigende Landschaft, aufgeschlossene Menschen und ein zukunftsweisender Gesetzgeber.

In Spanien ist das Recht auf Nacktsein ein Menschenrecht, das sich aus Art. 1 der spanischen Verfassung ableitet. Diese Freiheit gilt für alle Bereiche der Öffentlichkeit und es bedarf keiner ausdrücklichen Erlaubnis. Entsprechend der gegenwärtigen Rechtslage kann Nacktsein nicht begrenzt, nicht sanktioniert und nicht einmal untersagt werden. Der Text stammt aus der offiziellen Website des spanischen Naturistenverbandes, der den INF, die Internationale Naturisten-Föderation in Spanien vertritt.

Nackt sein wollen ist für manche Menschen ein tiefes Bedürfnis auf der Suche nach sich selbst, auf der Suche nach dem ursprünglichen Menschen in sich, dem *Adamos*. Dieses Bedürfnis auch ohne schlechtes Gewissen verwirklichen zu können, hat heilende Wirkung. Anda-luz – geh im Licht. Licht ist Energie, Energie ist Bewegung, Bewegung ist Leben.

All dies zu verwirklichen ist Ziel unseres Angebots »Vita Nacktiva Andaluz«. Wir laden ein zu einmaligen Erfahrungen in einer atemberaubenden Umgebung. Die Unterbringung erfolgt in stilvollen Cortijos (z.B. Fotos S. 45 und auf S. 48/49 das weiße Gebäudeensemble im Bildvordergrund rechts). Einfach mal schauen unter www.nacktiv.de oder unser Programm anfordern (siehe S. 160). Vorgesehen ist auch ein Angebot im Rahmen eines Coachings.

Für das Copyright von Fotos danken wir Julie und Werner (S. 26-30) und Rainer Liesenfeld (S. 8, www.pfeilfinder.de). Und Werner, Philippe und Erwin, danke für eure Beiträge.

Wo soll ich denn nur meinen Nacktivurlaub verbringen?

Tipps

Im Anhang möchten wir noch ein paar nützliche Tipps für diejenigen geben, die unsere Anregung aufgreifen möchten und allein einen Nacktivurlaub in Andalusien planen.

Die Anreise mit dem eigenen Wagen ist aufgrund der großen Entfernung sehr aufwändig und lohnt sich bei den heutigen Flugpreisen kaum. Wir fliegen immer und buchen im Voraus einen Mietwagen am Ankunftsflughafen *Madrid* oder *Valencia*. Wer die Billigflieger nicht verschmäht, der reist wirklich für Traumpreise. Preiswerte Mietwagen findet ihr z.B. unter www.europa-rentacar.es. Und die Anfahrt im Auto innerhalb Spaniens ist schon ein kleiner Urlaub, wenn man die Küstenstraßen und Autobahnen meidet und sich durchs Hinterland schlängelt; da gibt es wirklich noch Spanien pur.

Wer als Rucksackreisender oder Radler unterwegs ist, der wählt in der Regel *Almeria* als Ankunftsflughafen. Von Deutschland aus ist er der nahestgelegene Flughafen, der meist von Chartermaschinen angeflogen wird. Der Flughafen liegt etwas nordöstlich von *Almeria*, also mehr in Richtung *Cabo de Gata*. Wer allerdings mit dem Bus weiter will, muss trotzdem erst mal mit dem Flughafenbus nach *Almeria*, von dort gibt es täglich 2 Verbindungen nach Carboneras, eine nach Las Negras und wohl auch welche nach San José.

In *Carboneras* gibt es eine Unmenge Hotels und Appartements, die jedoch ab Mitte Juli bis Ende August oft mehr als doppelt so viel kosten wie in der Nebensaison. Selbst ausprobiert und empfehlen können wir das *Solymar* und bei etwas bescheideneren Ansprüchen den *Galan*, beide bieten Appartements direkt am Meer, primera linea, beide mit eigener Webseite: *www.el-galan.com* oder *www.hostalmiramarplaya.com*. Auch Privatunterkünfte kann man beispielsweise schon vorbuchen unter *www.carboneras.net/alquiler*, die in der Nebensaison meistens 40 Euro am Tag kosten und für 14 Tage (quinzena) 460 Euro. Ihr könnt auch selbst im Internet recherchieren, einige gute Infos gibt es unter *www.carboneras.com* unter *Alojamiento* und den dort angegebenen Links.

Wer nur ein Zimmer sucht, sollte bei den Hostales nachfragen, z.B. bei *Felipe* in der *Calle Sorbas*, der Hauptstraße, wo sich gleich nebenan in dessen Straßenrestaurants Einheimische und Touristen gleichermaßen zu einem »gemütlichen« Plausch direkt in der *Calle Sorbas* versammeln, die nur im Hochsommer für Motorfahrzeuge gesperrt wird. Da ist es bei *Mariano* mit Meerblick schon romantischer, aber auch touristischer und teurer.

Campingplätze gibt es in *Carboneras* nicht, wer zelten will, der muss nach *Las Negras* (Foto unten), *Los Escullos* oder *San José*. Die Zeltplätze sind alle drei wenig romantisch und eher für Campmobile eingerichtet. Am wenigsten steril scheint uns noch der Platz in *Los Escullos* (Foto rechts). Ein absoluter Supertipp für Freaks ist die Bucht von *San Pedro*. Dort kann man auch wild in den Bergen zelten, wenn man sein ganzes Gepäck dorthin schleppt. Da es eine Trinkwasserquelle in der Bucht gibt, ist man relativ unabhängig und braucht nur zum Einkaufen ab und zu nach *Las Negras*, wo es zumindest einen kleinen Lebensmittelladen gibt. Auf dem Camping-

platz von *Los Escullos* gibt es sogar Fahrräder zu mieten, die Preise sind allerdings etwas heftig (S. 155). Ein Fahrrad kann durchaus nützlich sein. Wenn man sich z.B. *Agua Amarga* als Stützpunkt auswählt, kann man die Tourenvorschläge 1 bis 3 direkt von der Haustür aus machen, zu den Touren 4 bis 7 sind es dann allerdings doch einige Kilometer zu strampeln. Eine echte Herausforderung ist der Berg zwischen *Rodalquilar* und *La Isleta de Lomo*, da kann einem schon mal die Puste ausgehen, wie wir aus Erfahrung wissen (10% Steigung). Viel Erfolg!

Im Prinzip kann man eigentlich an allen aufgeführten Küstenorten ein Quartier finden, wobei *San José* sicher der am wenigsten preiswerte ist, da sich dort am Yachthafen auch ein mehr illustres Publikum einfindet; dafür sind die Strände dort besonders eindrucksvoll, wenn auch ziemlich frequentiert.

Ansonsten findet ihr hier ein paar Hinweise, teilweise mit Preisen, soweit wir diese in Erfahrung bringen konnten: (Achtung: Die Oster- und

Weihnachtswoche ist in Spanien immer Hochsaison.)

Appartamentos Villa del Mar in *Carboneras* bis 4 Personen: Okt. bis Mai 50 Euro, Juni bis Sept. 60 Euro, Juli bis Aug. 95 Euro, Studio für 2 Personen entsprechend 30, 40 und 55 Euro. Die Anlage befindet sich direkt am Meer, einige Appartements mit Meerblick. Der Innenhof ist sehr schön gestaltet, mit Palmen und Pool.

Hostal Miramar Playa am *Paseo Maritimo* in *Carboneras*, einfaches 2-Sterne Hostal, vom 15. Sept. bis Juni 36 Euro, sonst 52 Euro fürs Doppelzimmer.

Appartements in *Agua Amarga*: sehr empfehlenswert sind einige kleine Studios direkt am Strand (vgl. Foto Seite 69), vor einigen Jahren schon selbst einmal bewohnt, sie waren damals sehr einfach ausgestattet. Nachfragen in dem Spar-Supermercado in der Hauptstraße, Preise in der Nebensaison um 50 Euro, aus eigener Erfahrung sind die Preise verhandelbar.

Campingplatz *La Caleta* in *Las Negras*: Erwachsene 4,50 Euro, Auto 4,50 Euro, Zelt 5,50 Euro, Caravan 6,55 Euro, Bungalow Okt.-Juni 60 Euro. Campingplatz in *Los Escullos* in der Hochsaison: Erwachsene 5,50 Euro, kleine Parzelle 9,50 Euro, Bungalows und Mobile-Home etwa 50 bis 90 Euro je nach Saison, Bengalis 27 bis 59 Euro, viele Rabatte in der Nebensaison bei längerem Aufenthalt. Fahrrad 1 Stunde 4 Euro, 2 Stunden 7 Euro, halber Tag 10 Euro, ganzer Tag 15 Euro.

Zumindest von außen und von der Lage hat uns das *Hostal Emilio* in *Los Escullos* gut gefallen. Auch die Wandersleute, die dort Quartier genommen haben (Foto unten).

Ganz in der Nähe, etwa 1 km vor *El Pozo de los Frailes*, gibt es die Hospederia *Los Palmitos;* dort kosten die Appartements außerhalb der Hochsaison etwa 50 - 60 Euro.

Sehr liebevoll hat Eckhard Kost seinen *Garten der Träume*, den *Jardin de los Sueños* in *Los Escullos* hergerichtet; allerdings bietet er keine Appartements, sondern 6 Doppelzimmer mit eigener Terrasse und mit reichhaltigem Frühstück an. Auf seinem Grundstück von 8500 m² findet sich ein Swimmingpool und er stellt seinen Gästen sogar seine Bibliothek zur Verfügung. Ab 1. August 2006 wird es außerdem noch 2 Suiten geben. Die Anlage ist für gehobene Ansprüche konzipiert

und die Preise entsprechend hoch, d.h. 70 Euro in der Nebensaison. Buchen kann man direkt unter 0034950389843.

Eine Unterkunft der ganz besonderen Art können wir bei Freunden in der schon erwähnten *Concha de Fazahalí* in *Cueva del Pájaro* (Foto S. 38/39) vermitteln, das Doppelzimmer mit kleinem Salon, eigenem Kamin und Terrasse kostet ab 45 Euro. (Näheres unter www.nacktiv.de.)

Bei allen hier angegebenen Unterkünften bestehen außerhalb der eigenen bzw. gemieteten vier Wände kaum Möglichkeiten, sich von seinen Textilien zu befreien. Na ja, da sind wir richtig froh, dass uns auf unserem Häuschen keiner den Natur-Overall madig machen kann.

Das Cabo de Gata und der Parque Natural sind Gottseidank noch nicht vom Massentourismus erfasst. Große Hotels gibt es nicht, also auch nicht für Nackte. Die nächstgelegenen Möglichkeiten sind in Vera zu finden, dort gibt es die bekannte Vera Playa Anlage. Wer allerdings von Vera beispielsweise mit dem Wagen nach San José will, der ist schon gute 2 Stunden unterwegs, und das trübt ja etwas die Wanderlust, wenn man so lange in einer Blechkiste sitzen muss.

Also denn, hasta luego in España!

Also Leute, ääh, na ja, wat soll ick sajen? Schnucklich, schnucklich, die Kleene da, könnt glatt meine Süße sein, die hat ooch son runden Arsch. Un de jroßen Berje sin ooch klasse, na wie im Kino eben, bei Mahlboro un so. Fehlt bloß noch der Jaul. Na ja, ´n Esel tuts ja ooch.

Jetzt, wo ick euer Buch mal so anjekiegt hab, da tät ick sagen, näh, Äksi-Pitionismus is det nich. In Barzelona tät ich ja nu nich jrade nackich rumloofen, aba so in de Berje, det könnt ick mir schon vorstelln, wenn da nich so vülle sind, un die könn ja wegkieken, wenns ´n nich passt.

Wissta wat, wir fahn ja eh imma nach Espanja. Ick frach meine Süße, ob se nich Lust hat, ooch ma nackich durch de Weltjeschichte zu düsen, und dann komm wa ma runta zu euch. Det mit de nackichen Weiba in der Glotze is ja janz nett, aba so in Natura, is doch supa, un Spaß macht det ooch, det sieht ma euch an. Un meine Süße könnt ooch mal 'n bisschen loofen, sonst wird se mia zu fett - und ick ooch. Un ams hockn wa uns vorn Ofn un tratschen un kieken ins Feuer.

Also abjemacht? Ick frach meine Süße, die hat bestimmt nüscht dajejen, und wenn ick ihr ma euer Buch zeich schon jar nich, wa? Machts jut, ick ruf ma an. Tschüssi, bis die Taje.

VON SEINEN KLAMOTTEN KANN MAN SICH LOSREISSEN,
VON UNSEREN BÜCHERN NICHT.

Anker Larsen:
DER KANDIDAT
2 Novellen, 80 S.,
7 Euro,
ISBN 3-937502-02-5
»Sich losreißen von der Masse, sich freimachen von den Gewalten, von denen sie getrieben wird, darum geht es. Aber es verlangt und kostet Kräfte.«

Anker Larsen:
ICH WILL
WAS ICH SOLL
Roman, 320 S., 18 Euro
»Das Glück, so wie ich es mir dachte, werde ich nicht erleben, aber ich sehe deutlich die Möglichkeit zu einem anderen Glück in mir, das nicht bestimmt ist von äußeren Umständen oder anderen Menschen.«

Anker Larsen:
OLSENS TORHEIT
Roman, 679 S., 21 Euro
ISBN 3-9800929-1-7
»Genialität ist die Fähigkeit, die eigene Ursprünglichkeit zu gebrauchen.«

Anker Larsen:
MARTHA & MARIA
Roman 448 S., 19 Euro,
ISBN 3-9800929-4-1
»Es gehört Mut dazu, nichts anderes anzuhaben, als was wir selbst sind.«

Anker Larsen:
DER STEIN DER WEISEN
Roman, 2 Bde.,
679 S., 24 Euro
Literaturpreis, übersetzt in 11 Sprachen,
ISBN 3-9800929-9-2
»Jetzt habe ich gesehen, welche Macht in der Unschuld liegt.«

Anita & Wolfgang Gramer:
1, 2, FREI! DAS
NACKT-AKTIV-BUCH
176 S., 138 Abb.,
16,80 Euro
ISBN 3-937502-04-1
»Es ist mir selten passiert, dass mich ein Buch so direkt beeinflusst hat: Lesen, raus in die Natur und einfach ausziehen!«

Hermann Hesse
zum Stein der Weisen:
»*...etwas Schönes, sehr Kluges ... höchstes Erlebnis und echter Zauber«.*

Unsere Bücher gibt es portofrei direkt beim Verlag:
mym-Verlag • Bartningallee 21 • 10557 Berlin • www.mym-buch.de • Tel. 030-3927756